15 Sonntagsausflüge

Hartmut Schönhöfer

traum touren

Wasser, Wiesen und Wälder – dafür steht der von den Flüssen Sieg, Rhein, Lahn und Dill eingerahmte Westerwald. Die 15 Touren sind so gewählt, dass für jeden Anspruch etwas dabei ist, ob gewählt, zu zweit oder mit der ganzen Familie.

Für E-Biker erschließen sich neben den Flusstälern völlig neue Höhepunkte, ohne dabei außer Puste zu geraten, und Tourenradler haben die Wahl zwischen gemütlichen Genussrunden und ambitionierten Entdeckertouren. Jede Strecke verbindet die schönsten Natur-, Kultur- und Genusserlebnisse der Gegend und verspricht einen herrlichen Fahrradausflug.
Da nicht alle Strecken als Radweg ausgewiesen sind, empfiehlt sich zur sicheren Orientierung der Gebrauch eines Bike-Navis oder Smartphones mit einer geeigneten Navigations-App.

ideemedia

Inhalt

Vorwort			1
Gut zu wissen			4
Zeichen im Buch			5

Tour 1	**Radweg Sieg 1**	4ʰ 10ᵐⁱⁿ	50.1 km	10
	Sieg Ahoi!		🚴	
Tour 2	**Radweg Sieg 2**	4ʰ 40ᵐⁱⁿ	55.6 km	20
	Ein Tal zum Verlieben		🚴🚴🚴	
Tour 3	**Panarbora-Runde**	2ʰ 50ᵐⁱⁿ	34.2 km	30
	Hoch hinaus		🚴🚴🚴	
Tour 4	**Westerwaldschleife**	3ʰ 50ᵐⁱⁿ	46.3 km	42
	Schöne Flecken		🚴🚴🚴	

Tour 5	**Limes-Radweg**	3ʰ 00ᵐⁱⁿ	36.4 km	52
	Römer-Spuren		🚴🚴🚴🚴	
Tour 6	**Wied-Radweg**	4ʰ 30ᵐⁱⁿ	54.0 km	62
	Wiedische Herrlichkeit		🚴🚴🚴🚴	
Tour 7	**Radweg Puderbacher Land**	4ʰ 10ᵐⁱⁿ	49.7 km	74
	Am Rad der Zeit		🚴🚴🚴🚴	
Tour 8	**Nister-Wied-Radrunde**	5ʰ 25ᵐⁱⁿ	64.5 km	86
	Magische Momente		🚴🚴🚴🚴🚴	
Tour 9	**Hoher Westerwald**	5ʰ 30ᵐⁱⁿ	65.7 km	98
	Wasser, Wiesen, Wälder		🚴🚴🚴🚴🚴	

Tour 10	Hessischer Westerwald	4ʰ 05ᵐⁱⁿ	49.1 km	110
	Sagenhafte Höhepunkte		🚲🚲🚲🚲	
Tour 11	Kannenbäcker Land	4ʰ 35ᵐⁱⁿ	55.0 km	118
	Das weiße Gold		🚲🚲🚲🚲🚲	

Tour 12	Radweg Südlicher Westerwald	2ʰ 30ᵐⁱⁿ	29.6 km	132
	Hoch und heilig		🚲🚲🚲	
Tour 13	Lahn-Kerkerbach-Runde	4ʰ 30ᵐⁱⁿ	54.4 km	142
	Volldampf voraus		🚲🚲🚲🚲	
Tour 14	Lahn-Radweg 1	4ʰ 05ᵐⁱⁿ	49.2 km	152
	Über sieben Brücken		🚲🚲	
Tour 15	Lahn-Radweg 2	4ʰ 40ᵐⁱⁿ	56.1 km	160
	Am sanften Fluss		🚲🚲🚲	

GPS: So funktioniert es	172
Register/Orts- und Stichwortverzeichnis	177
Tourenübersicht	186
Übersichtskarte	188
Weitere Traumtouren-Bände	190
Impressum/Autor	192

Sieg Westerwald Lahn

Gut zu wissen

Das Buch ist nach den Regionen Sieg (orange), Westerwald (grün) und Lahn (rot) gegliedert. Man hat die Wahl zwischen ganz einfachen bis zu richtig sportlichen Touren. Neben der mit Höhenprofil dargestellten Strecke bieten einige Touren als Variante eine „Kurzstrecke".

Die Zeitangaben basieren, unabhängig von der Topografie, auf einer Durchschnittsgeschwindigkeit von 12 km/h. Für Pausen und Besichtigungen sollte man zusätzlich genug Zeit einplanen. Bei den Streckentouren ist zudem die Bahnfahrt zurück zum Start bei der Zeitplanung zu berücksichtigen.

Einige Strecken folgen einem einzigen Radweg (Beispiel Tour 12 Radweg Südlicher Westerwald), zum Teil wechseln wir unterwegs von Radweg zu Radweg (Beispiel Tour 08 Nister-Wied-Radrunde), und einige Touren beinhalten nicht als Radweg ausgewiesene Passagen (Beispiel Tour 11 Kannenbäcker Land). Es empfiehlt sich zur sicheren Orientierung auf allen Touren der Gebrauch eines Bike-Navis oder Smartphones mit einer geeigneten Navigations-App.

Die Tracks wurden mit einem Garmin GPSmap 62s aufgezeichnet und mit BaseCamp bearbeitet. Der QR-Code auf jeder Tour-Tipps-Seite zeigt beim Scannen mit dem Smartphone den Startpunkt der Tour in Google-Maps an. Über die Routenfunktion kann man sich dann einfach zum Startpunkt navigieren lassen. Weitere Informationen zum Thema GPS finden Sie ab Seite 174 und auf www.wander-touren.com

Die TourTipps verraten gemütliche Einkehrmöglichkeiten, welcher Fahrradhändler sich in der Nähe befindet, an welcher Tourist-Info die Strecke vorbeiführt und welcher Badesee bzw. welches Schwimmbad unterwegs oder nach der Tour Erfrischung und Entspannung verspricht.

Da die meisten Touren nicht ausschließlich über Asphaltstraßen führen, empfiehlt sich als Fahrrad ein Touren- oder Trekkingbike (mit oder ohne Akkuunterstützung) mit entsprechender Schaltung und Bereifung. Es wurde bewusst nicht zwischen Touren für das Pedelec/E-Bike und das „Normalrad" unterschieden.

Viel Spaß und Genuss beim Radfahren im Westerwald und an Sieg und Lahn!

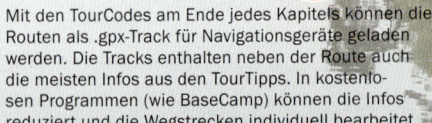

Mit den TourCodes am Ende jedes Kapitels können die Routen als .gpx-Track für Navigationsgeräte geladen werden. Die Tracks enthalten neben der Route auch die meisten Infos aus den TourTipps. In kostenlosen Programmen (wie BaseCamp) können die Infos reduziert und die Wegstrecken individuell bearbeitet werden. Ausführliche Anleitung siehe Seite 174.

Zeichen im Buch

🕐	Zeit für die Tour (bei ø 12 km/h)
↑▲▲↓	Höhenmeter (auf/ab)
🚴	1 Radler – ganz einfach
🚴🚴	2 Radler – relativ leicht
🚴🚴🚴	3 Radler – mittelschwer
🚴🚴🚴🚴	4 Radler – anspruchsvoll
🚴🚴🚴🚴🚴	5 Radler – richtig sportlich
▬▬	Radweg
▪▪▪▪	Alternativstrecke
▶	Variante/Beschreibung
🅿	Parkplatz
🚆	Bahnhof
⛴	Fähre
ℹ	Tourist-Information
❌	Einkehren
🔧	Fahrradhändler/-werkstatt
🏊	Badesee/Schwimmbad/Thermalbad
🅾	Knotenpunkt
●	Besondere Sehenswürdigkeit
○[1]	Besonderer Streckenpunkt
☎	Telefonnummer
🌐	Internet-Adresse
▦	QR-Code = Startpunkt

16,80 €	ISBN 978-3-942779-37-1	Band 1: RHEIN-MOSEL-EIFEL
16,80 €	ISBN 978-3-942779-55-5	Band 2: RHEINLAND SÜD
16,80 €	ISBN 978-3-942779-39-5	Band 3: SIEG-WESTERWALD-LAHN
16,80 €	ISBN 978-3-942779-40-1	Band 4: BERGISCHES LAND-SAUERLAND-RUHR
16,80 €	ISBN 978-3-942779-41-8	Band 5: HUNSRÜCK-NAHE-RHEINHESSEN
16,80 €	ISBN 978-3-942779-42-5	Band 6: WESTERWALD
16,80 €	ISBN 978-3-942779-61-6	Band 7: EIFEL-MOSEL-SAAR
16,80 €	ISBN 978-3-942779-62-3	Band 8: PFALZ WEST

www.ideemediashop.de

Am Siegufer bei Herchen.

01 Radweg Sieg 1

Die Kurzstrecke führt durch die Auenlandschaft der Sieg bis zur Rheinmündung. Etwas Besonderes ist die Fahrt mit der Siegfähre. Auf der Langstrecke umrunden wir zusätzlich Siegburg und lernen das Agger- und Auelsbachtal sowie die Wahnbachtalsperre kennen.

Start/Ziel: Parkplatz Siegauen, Bergstraße, 53844 Troisdorf-Bergheim
N 50° 46' 18.6" • E 7° 05' 38.5"

Anfahrt: A 565 Bonn-Meckenheim bis Ausfahrt 2 Bonn-Beuel, L 269 Richtung Mondorf/Bergheim folgen, nach der Siegbrücke rechts nach Bergheim abbiegen, am Ortseingang links auf die Siegstraße abbiegen, der Ausschilderung zum Parkplatz Siegauen links in die Bergstraße folgen

Parkplatz: siehe Start/Ziel

Zug: RB 27 Rhein-Erft-Bahn bis Bahnhof Friedrich-Wilhelms-Hütte, Roncalliplatz, 53840 Troisdorf und bei P3 Siegbrücke/Knotenpunkt 29 in die Tour einsteigen

▶ **Variante kurz**
20.2 km 1ʰ 40ᵐⁱⁿ 97

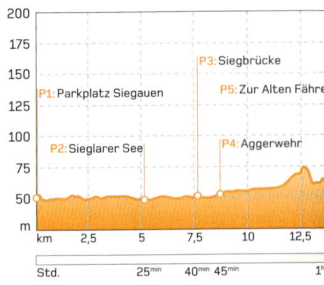

| 50.1 km | 4h 10min | 375 |  Anspruch |

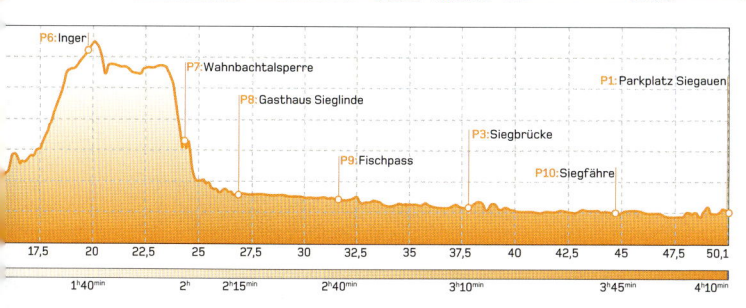

An der Siegfähre

Auf dem Siegdamm.

An der Agger.

Wir beginnen die Tour am Parkplatz Siegauen (P1) am Ortsrand von Bergheim. Das ehemalige Bauern- und Fischerdorf ist in den letzten Jahren durch neue Wohngebiete rasant gewachsen. Der Radweg Sieg quert nach dem Parkplatz die Oberstraße und führt durch die Siegauen zum Fluss. Vor der Fähre biegen wir am Knotenpunkt 83 der RadRegionRheinland (www.radregion-rheinland.de) scharf links ab und bleiben auf der nördlichen Flussseite. Weiter geht es auf dem Siegdamm, den wir uns mit Joggern, Spaziergängern und Hundebesitzern teilen. Entlang des Radweges fallen die in den Weg eingelegten Beton-Markierungen auf. Sie sind Bestandteile des Landschaftsprojektes Grünes C.

P1 Start

Das Grüne C verbindet in Form eines C schützenswerte Grünzonen auf beiden Rheinseiten und reicht von der Ville bis zum Siebengebirge. Die Wege sind in Richtung Rheinüberquerung bei der Mondorfer Fähre und in die jeweilige Gegenrichtung markiert. Stationen mit Infotafeln erklären Besonderheiten am Wegrand (www.gruenes-c.de).

Unser Blick schweift über sattgrüne Wiesen, Felder und Brachflächen, die mit Schafen beweidet werden. Die Weite der Auenlandschaft wird durch einzelne Bäume und die Kopfweiden am Flussufer unterbrochen. Nach dem Knotenpunkt 30 lohnt sich ein Abstecher zum Sieglarer See (P2). Dort lädt ein herrlich gelegener Rastplatz am Seeufer zum Verschnaufen und zur Naturbeobachtung ein.

P2 5.2 km 25 min

Der Sieglarer See entstand im Zuge des Baus der Flughafenautobahn A 59. Auf den beiden Inseln des Sees sieht man in den Baumstümpfen die Nistplätze von Graureihern und Kormoranen. Durch den aggressiven Vogelkot sterben die Bäume mit der Zeit ab. Während sich Graureiher auch von Insekten und Mäusen ernähren, fressen Kormorane ausschließlich Fische. Die Höhe des Kormoranbestandes ist deshalb zwischen Umwelt- und Fischereiverbänden höchst umstritten.

P3
7.7 km
40 min

Anschließend fahren wir unter der A 59 hindurch und passieren die Eisenbahnbrücke mit dem Zuweg zum Bahnhof Friedrich-Wilhelms-Hütte. 600 Meter weiter erreichen wir an der Siegbrücke (P3) den Knotenpunkt 29, an dem sich Kurz- und Langstrecke trennen.

Variante kurz

Die Kurzstrecke folgt dem Radweg Sieg über den Fluss zur Autobahnunterführung der A 560. Nach einer 180-Grad-Wende biegen wir in die Siegaue ab und radeln in Richtung Siegmündung weiter.

Skandinavien-Feeling a der Wahnbachtalsperre

P4
8.6 km
45 min

Auf der Langstrecke setzen wir unsere Tour am nördlichen Siegufer fort und kommen auf dem Agger-Sülz-Radweg nach einem halben Kilometer zu der von Bäumen verdeckten Aggermündung. Ohne es richtig wahrzunehmen, verlassen wir die Sieg und fahren an der Agger weiter. Mit dem Aggerwehr (P4) und dem Büdchen am Bootsverleih steuern wir zwei beliebte Ausflugsziele an. Im Sommer herrscht im Uferbereich des Wehres reger Badebetrieb. Danach rollen wir unter der ICE-Trasse hindurch und radeln am Ortsrand von Troisdorf am Knotenpunkt 25 und dem Freizeitbad Aggua vorüber. Weiter geht es durch die Flussaue zum Aggerstadion und zu den Ausläufern der Wahner Heide. Hinweisschilder warnen uns davor, den Weg zu verlassen, da das Gelände des ehemaligen Truppenübungsplatzes mit Munition belastet ist.

Am Gasthaus Sieglinde

P5
13.7 km
1 h 10 min

Die wildromantische Strecke im Flusstal der Agger führt zum Knotenpunkt 32, wo wir rechts abbiegen. Nach der Aggerbrücke (in Fahrtrichtung die linke Brückenseite benutzen) bietet sich beim Knotenpunkt 6 das Gasthaus Zur Alten Fähre (P5) für eine Rast an.

Siegaue bei Siegburg.

Danach queren wir die A 3 und folgen dem Agger-Sülz-Radweg durch Lohmar mit dem Bistro der Apfel & Obst Dörrfabrik als Verpflegungsmöglichkeit. Wir passieren den Kreisverkehr an der Volksbank und zweigen beim Knotenpunkt 4 rechts in den Mühlenweg ab. Weiter geht es in die Sackgasse Buchbitze, bis sich am Ende des lang gezogenen Wohngebietes der Weg teilt.

Während der Radweg steil den Berg hinaufführt, entscheiden wir uns für den Algert-Talweg. Wir kommen am Hochwasserrückhaltebecken Auelsbach vorbei und arbeiten uns im reizvollen Auelsbachtal Meter um Meter nach oben. Auf dem Höhenrücken des südlichen Bergischen Landes dient der Fernmeldeturm Lohmar-Birk als Orientierungspunkt. Nach dem Arma-Christi-Wegkreuz am Ortsende von Algert biegen wir in Inger (P6) auf die Ortsverbindungsstraße ab. Vom höchsten Punkt unserer Tour am Ortsschild von Inger reicht der Blick bis weit in die Rheinische Tiefebene mit den qualmenden Schlöten der Braunkohlekraftwerke am Horizont.

P6
19.8 km
1ʰ 40ᵐⁱⁿ

Nach einer Senke radeln wir durch das Wohngebiet von Heide – mit den netten Querstraßennamen Sterntaler-, Schneewittchen- und Froschkönigweg – zum Franzhäuschen (www.franzhaeuschen.de) an der B 56. Einer Legende nach besuchten schon die Franziskaner des Klosters Seligenthal nach getaner Arbeit das Franziskaner-Häuschen, den Vorläufer der heutigen Gaststätte. Wir überqueren die Bundesstraße und folgen dem Radweg in den dichten Nadelwald. Im Zickzack erreichen wir Gut Umschoß, bevor es einen steil abfallenden Wiesenhang hintergeht. Hier laden zwei Traumliegen

Markierung Grünes C. | Überfahrt mit der Siegfähre.

P7
24.3 km
2ʰ

zum Verweilen ein und bieten eine großartige Aussicht auf die Wahnbachtalsperre (P7). Die folgende Steilabfahrt sollte man unbedingt für einen Abstecher zur Staumauer unterbrechen. Der Blick auf die glitzernde Seefläche mit den ringsum bewaldeten Hängen vermittelt Skandinavien-Feeling.

Die Wahnbachtalsperre wurde von 1955 bis 1958 errichtet und diente der Trinkwasserversorgung von 800.000 Menschen in den Kreisen Rhein-Sieg und Ahrweiler sowie der Stadt Bonn. Die Talsperre ist 5,8 Kilometer lang und beeindruckt mit ihrer 52 Meter hohen sowie 379 Meter langen Staumauer. Das Baden im Trinkwasserspeicher ist streng verboten.

Nach dem Stausee setzen wir die Abfahrt fort und kommen nach dem Knotenpunkt 43 im Vallis Felix, dem glücklichen Tal, am Klosterhof Seligenthal vorbei. Das 1231 erstmals urkundlich erwähnte Kloster war das erste Franziskanerkloster nördlich der Alpen. Heute sind die Klostergebäude Teil des Event Hotels Klosterhof Seligenthal, das leider keine Einkehrmöglichkeit bietet. Die Klosterkirche gehört als Pfarrkirche St. Antonius zur Gemeinde St. Servatius in Siegburg und ist zu Gottesdiensten sowie im Rahmen von Führungen geöffnet. In Seligenthal kreuzen wir die Hauptstraße und biegen zum Gasthaus Sieglinde (P8) (www.sieglinde-hennef.de) ab, das herrlich am Siegufer gelegen ist.

P8
26.9 km
2ʰ 15min.

Nach der verdienten Pause im Biergarten überqueren wir die Fußgänger- und Radfahrerbrücke und treffen am Knotenpunkt 20 auf den Radweg Sieg. Auf dem Deich rollen wir anschließend durch die weite Siegaue unter der A 3 hindurch zum Fischpass

Im Mündungsgebiet der Sieg.

bei Buisdorf (P9) (www.wasserlauf-nrw.de). Der 150-Meter-Abstecher an das Siegufer lohnt sich insbesondere von September bis November, wenn wir mit etwas Glück springende Lachse am Wehr beobachten können. Eine eigens gebaute Aufstiegsrampe unterstützt die Fische bei der Rückkehr zu ihren Laichgebieten. Nachdem Lachse in Rhein und Sieg Ende der 1950er-Jahre ausgestorben waren, zeigt das Wiederansiedelungs- und Wanderfischprogramm des Landes NRW spürbare Erfolge.

Auf unserem Weg durch die Siegaue kommen wir am Knotenpunkt 1 vorbei und blicken auf die Abtei Michaelsberg, die Siegburg auf der anderen Flussseite überragt. Nach Knotenpunkt 2 teilt sich auf Höhe von Menden der Radweg Sieg an der Siegbrücke (P3). Hier stoßen die Kurzstreckenfahrer wieder zu uns.

Trotz einiger Strommasten und der Autobahnnähe ist die folgende Streckenpassage durch die Auenlandschaft ein Hochgenuss. Im Rahmen der Siegrenaturierung wird der natürliche Flusslauf als Mäanderlandschaft mit Nebenarmen, Inseln und Auenwäldern peu à peu wiederhergestellt. Nach dem Meindorfer Kinderspielplatz erreichen wir die Siegfähre (P10) und können uns auf die außergewöhnliche Überfahrt freuen.

> *Die motorlose Siegfähre ist die älteste Einmannfähre Deutschlands. Sie bewegt sich, durch die Strömung angetrieben, an einem über den Fluss gespannten Drahtseil von Ufer zu Ufer. Mit einem Glöckchen bimmelt man dem Fährmann zum Übersetzen. Der Fährbetrieb ist seit dem 17. Jahrhundert nachgewiesen.*

P9
31,7 km
2ʰ 40ᵐⁱⁿ

P3
37,9 km
3ʰ 10ᵐⁱⁿ

P10
44,7 km
3ʰ 45ᵐⁱⁿ

Ist die Siegfähre außer Betrieb, gelangen wir über die Straßenbrücke auf die andere Flussseite. Dort bietet sich das Restaurant Zur Siegfähre (www.siegfaehre.de) für eine weitere Verschnaufpause an. An heißen Sommertagen ist der Biergarten proppenvoll, und das Siegufer verwandelt sich in einen riesigen Badestrand. Doch nach wenigen Metern haben uns Ruhe und Abgeschiedenheit wieder. Dazu biegen wir vor dem Knotenpunkt 83 unter der Straßenbrücke auf den Siegdamm (Beschilderung Naherholungsgebiet Untere Sieg) und kommen ins Mündungsgebiet der Sieg.

Die Altarme Oberste Fahr und Discholl waren bis zur Siegkorrektur 1777 die eigentlichen Mündungsarme. Über kleine Brücken queren wir die beiden Altarme und genießen den Blick auf die Siegmündung und den Rhein. Bei der Mondorfer Fähre erreichen wir das Rheinufer und können den regen Schiffsverkehr beobachten. Am Mondorfer Yachthafen lockt das Café Hafenschlösschen zu einem kulinarischen Abstecher und beim Fischereimuseum (P11) (www.fischereimuseum-bergheim-sieg.de) das Restaurant Zum Bootshaus.

P11
49,2 km
4ʰ 05ᵐⁱⁿ

Unterhalb des Fischereimuseums ankert der Aalschokker Maria Theresia. Aalschokker waren früher am Rhein weit verbreitet und wurden abends in den Fluss geschleppt und dort verankert. Am nächsten Morgen wurden die hoffentlich gut gefüllten Aalnetze eingeholt. Entlang des südlichen Ortsrandes von Bergheim kehren wir zum Parkplatz Siegauen (P1) zurück.

Ziel
50,1 km
4ʰ 10ᵐⁱⁿ

Mondorfer Yachthafen.

Aalschokker Maria-Theresia.

Fazit

Eine Tour, die jedem gerecht wird, sei es als Familientour durch die Siegaue oder als Langstrecke mit einem Schlenker ins Bergische Land. Da nicht alle Wege asphaltiert sind, fährt man die Tour am besten bei trockenem Wetter. An Kleingeld für die Fähre denken.

TourTipps

01 Sieg

- Tourist-Info Hennef, Frankfurter Straße 97, 53773 Hennef
  02242/19433 www.tourismus-hennef.de.
- Tourist-Info Siegburg, Europaplatz 3, 53721 Siegburg
  02241/10275-33 www.tourismus-siegburg.de

- Apfel & Obst Dörrfabrik mit Bistro, Hauptstraße 71, 53797 Lohmar,
  0174/8470680, www.doerrfabrik.com
- Café Hafenschlösschen, Rheinallee 1, 53859 Niederkassel-Mondorf
  0228/452347 www.hafenschloesschen.de
- Franzhäuschen, Franzhäuschenstraße 67, 53797 Lohmar
  02241/3888980 www.franzhaeuschen.de
- Gasthaus Sieglinde, Brückenweg 2, 53773 Hennef
  02242/1459 www.sieglinde-hennef.de
- Hotel Zur Alten Fähre, Brückenstraße 18, 53797 Lohmar
  02246/4561 www.hotel-zur-alten-faehre.eu
- Zum Bootshaus, Nachtigallenweg 37, 53844 Troisdorf-Bergheim,
  0228/18086859, www.zumbootshausrestaurantcafe.eatbu.com
- Zur Siegfähre, Zur Siegfähre 7, 53844 Troisdorf
  0228/475547 www.siegfaehre.de

- Fahrrad XXL Feld, Einsteinstr. 35, 53757 Sankt Augustin 02241/9773-0
  www.fahrrad-xxl.de
- M&M Bikeshop, Frankfurter Straße 137, 53840 Troisdorf
  02241/1265390 www.mm-bikeshop.net
- Radsport Krüger, Bonner Straße 65–67, 53757 Sankt Augustin
  02241/202930 www.radsport-krueger.de

- Aggua Troisdorf, Aggerdamm 22, 53840 Troisdorf
  02241/9845-0 www.aggua.de
- Oktopus Siegburg, Zeithstraße 110, 53721 Siegburg
  02241/96997-12 www.oktopus-siegburg.de

Tour Download: **BT3X115** (für GPS-Geräte)

Startpunkte finden mit scan to go®

02 Radweg Sieg 2

Die Tour folgt dem Radweg Sieg vom Bahnhof Dattenfeld bis Bülgenauel, wo wir uns einen Abstecher nach Blankenberg gönnen. Zurück auf dem Radweg Sieg, können wir zwischen Strecken- und Rundtour wählen und kehren mit dem Zug oder über den Nutscheid nach Dattenfeld zurück.

Start/Ziel: Bahnhof Dattenfeld (Sieg), Engbachweg 28, 51570 Windeck
N 50° 48' 33.7" • E 7° 32' 46.2"

Anfahrt: L 333 entlang der Sieg bis Dattenfeld-Wilberhofen, links auf K 55 abbiegen und Richtung Ruppichteroth fahren, nach Bahnunterführung erste Querstraße (Am Reutersbach) rechts und der Ausschilderung zum Bahnhof Dattenfeld folgen

Parkplatz: P&R am Bahnhof Dattenfeld

Zug: Verkehrsverbund Rhein-Sieg S 12/S 19 bis Bahnhof Dattenfeld

▶ **Variante kurz**
36 km 3ʰ 443 ↑ 488
Rückfahrt mit dem Verkehrsverbund Rhein-Sieg S 12/S 19 vom Bahnhof Hennef (Sieg).

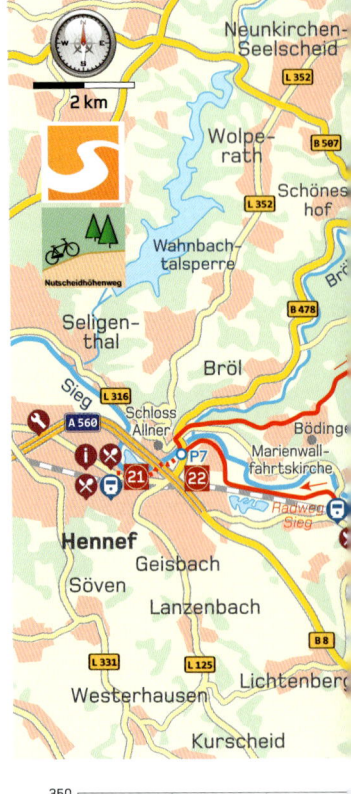

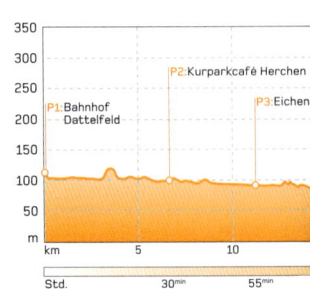

| 55.6 km | 4h 40min | 809 ↑▲↓ | 🚴🚴🚴🚴 Anspruch |

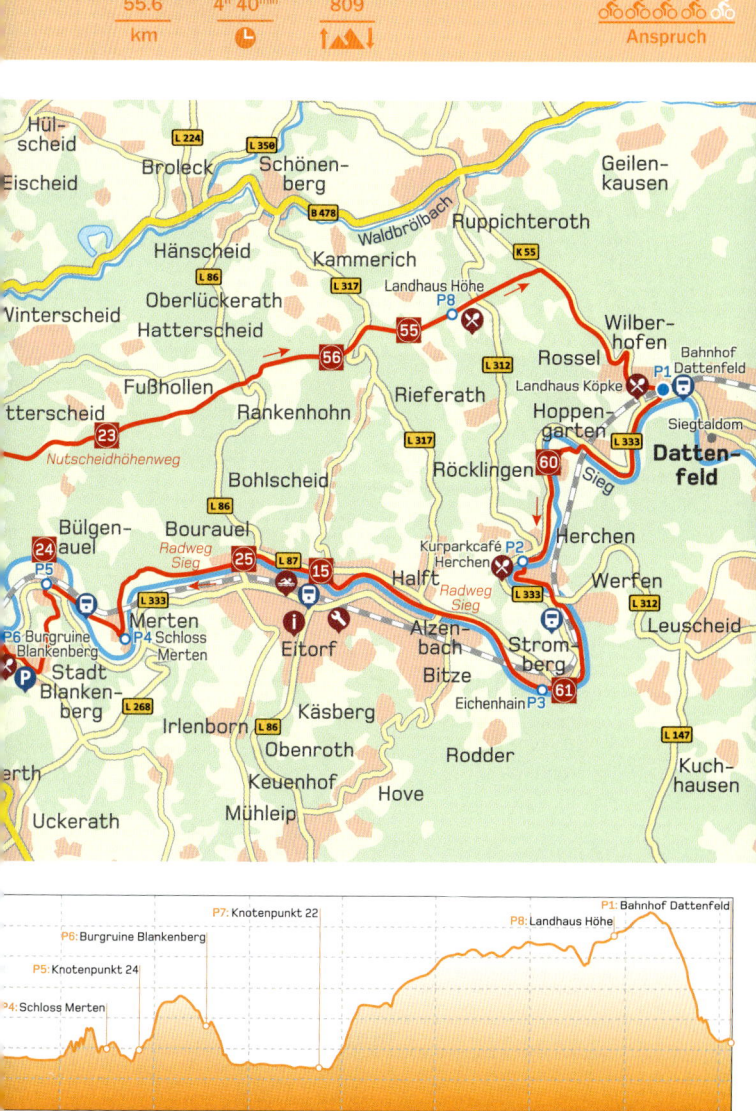

Am Siegufer entlang.

Die Tour beginnt am Bahnhof Dattenfeld (P1), den die L 333 vom Siegufer trennt. Wir überqueren vorsichtig die Straße und folgen dem Radweg Sieg (www.naturregion-sieg.de) flussabwärts nach Hoppengarten, wo eine Fußgänger- und Fahrradbrücke parallel zur Eisenbahn über die Sieg führt. Nach einem kurzen Anstieg rollen wir auf der Röcklinger Sieghalbinsel den Wiesenhang hinab und treffen in Röcklingen auf den Knotenpunkt 60 des Radwegnetzes der RadRegionRheinland (www.radregionrheinland.de). Anschließend wechseln wir erneut die Siegseite, und es geht im enger werdenden Siegtal nach Herchen, das auf beiden Uferseiten von steil aufragenden Hängen flankiert ist.

Bootspartie.

Herchen war während der Belle Époque eine beliebte Sommerfrische für die Bewohner des Ruhrgebietes und der Großstädte am Rhein. Um die Jahrhundertwende gab es in Herchen 16 Hotels und Pensionen. Zu den Gästen zählten viele bekannte Maler, Musiker und Komponisten. Der Glanz der Belle-Époque-Villen ist längst verblasst, geblieben ist der nostalgische Charme des Erholungsortes.

Das gemütliche Kurparkcafé Herchen (P2) und der Kurpark mit seiner herrlichen Picknickwiese am Siegufer bieten sich für eine Verschnaufpause an. Wie wäre es mit einer Tretbootrunde auf der Sieg? Eine Bootspartie gehört eigentlich zum Pflichtprogramm! Danach überqueren wir sowohl in Herchen wie auch vor dem Bahnhof Herchen den Fluss. Der Radweg führt in einer Schleife von der Eisenbahnbrücke zurück an die Sieg. Im schmalen Tal grüßt von der gegenüberliegenden Uferseite Burg Raiffershardt.

Rast im Kurparkcafé.

Bei Stromberg passieren wir den Knotenpunkt 61 und kommen durch einen jahrhundertealten Eichenhain (P3), der einst zur Schweinemast angepflanzt wurde. Tische und Bänke laden im Schatten des uralten Baumbestandes zu einer Verschnaufpause ein. So wünscht man sich einen Flussradweg: unmittelbar am Fluss, ohne Straßenlärm, in wildromantischer Landschaft mit netten Picknickstellen.

Das Siegtal öffnet sich nun. Über die Straßen- oder die Halfter Hängebrücke können wir einen Abstecher nach Eitorf (www.eitorf-erleben.de) unternehmen, das auf der gegenüberliegenden Uferseite liegt. Der Radweg Sieg führt an den Knotenpunkten 15 und 25 vorüber, zwischen ihnen müssen wir bei einem Taleinschnitt ein paar Meter auf die Hombacher und Bouraueler Straße wechseln. Es folgt Lützgenauel, wo wir uns vorübergehend vom Siegufer verabschieden. Der Radweg Sieg spart sich das Ausfahren der nächsten Siegschleife. Es geht im Anstieg über einen Hügel hinweg und in Merten auf der Schlossstraße hinunter zum Schloss Merten (P4).

P4
22.2 km
1ʰ 50ᵐⁱⁿ

Schloss Merten wurde um 1160 als Augustinerinnenkloster gegründet. Die gesamte Anlage ist von einer Mauer umgeben, hinter der sich die alten Klostergebäude, die Pfarrkirche St. Agnes mit ihren beiden ungleich hohen Türmen, eine neobarocke Orangerie und eine großzügige Parkanlage verbergen. Anfang des 20. Jahrhunderts wurde das Kloster zum Schloss umbenannt. Heute beherbergt Schloss Merten ein Seniorenwohnheim. Das Anwesen steht jedem offen und die Orangerie mit dem kleinen Café ist ein idyllischer Ort zum Verweilen. Gegenüber dem Schloss befindet sich der ehemalige Rittersitz Burg Merten, und in der Siegaue unterhalb des Schlosses erstreckt sich das Gelände des Union-Gestüts.

Wir kommen an saftig grünen Wiesen vorbei zum Bahnhof Merten, überqueren erneut die Sieg und erreichen in Bülgenauel den Knotenpunkt 24 (P5). Während der Radweg Sieg dem Fluss folgt, biegen wir nach links über die

P5
24.2 km
2ʰ

Radweg Sieg.

Kurpark Herchen.

Im Eichenhain.

St. Agnes beim Schloss Merten.

L 333 hinweg zur Stadt Blankenberg ab. Der Abstecher zur mittelalterlichen Stadt Blankenberg und zur Burgruine Blankenberg (www.stadt-blankenberg.de sowie www.tourismus-hennef.de) ist zwar mit einem anstrengenden Steilanstieg verbunden, führt uns aber zu einem der touristischen Highlights der Naturregion Sieg. Wir kurbeln im kleinen Gang den Berg hinauf und mobilisieren unsere Kraft- und Akkureserven.

Auf der Hochfläche angekommen, folgen wir in Neuenhof der Ausschilderung nach Blankenberg, das von 1245 bis 1805 eine selbständige Stadt war. Neben dem Titel Stadt hat sich Blankenberg seinen mittelalterlichen Charme bewahrt und entführt uns mit seinen malerischen Fachwerkhäusern und verwinkelten Gassen in die Zeit der alten Rittersleut. Für die verdiente Einkehr stehen urige Gasthäuser wie das Hotel Haus Sonnenschein (www.hotel-haus-sonnenschein.de) oder das Restaurant Zum Alten Turm (www.zumaltenturm.de) sowie das Café Krey (www.panoramacafe-krey.de) zur Wahl, bevor wir die Burgruine Blankenberg (P6) besuchen.

P6
27,7 km
2h 20min

Burg Blankenberg wurde im 12. Jahrhundert von den Grafen zu Sayn errichtet und sicherte den Zugang zum Siegtal und ins Bergische Land. Die imposante Burganlage wurde im 30-jährigen Krieg zerstört. Besonders beeindruckend ist der Blick vom Bergfried und vom herrlich angelegten Burggarten auf das Siegtal. Die Besichtigung der Burgruine ist kostenfrei (Öffnungszeiten siehe www.stadt-blankenberg.de und www.tourismus-hennef.de).

Blankenberg-Panorama.

Von der Burgruine rollen wir auf einer kurvenreichen Straße hinab ins Siegtal und kreuzen bei der Mühle zu Blankenberg die L 333. Auf einem Feldweg geht es danach durch die Siegaue. Wir queren nach dem Abzweig zum Bahnhof Blankenberg die K 36 und kehren auf den Radweg Sieg zurück.

Auf der folgenden, kerzengeraden Wegstrecke entlang der Bahntrasse wird der Blick auf den Dondorfer See leider durch den Bahndamm verdeckt. Anschließend streifen wir den Ortsrand von Weldergoven und kommen an der B 478 beim Knotenpunkt 22 (P7) zum Abzweig des Nutscheidhöhenweges. Hier müssen wir uns zwischen Kurz- und Langstrecke entscheiden.

P7
33,8 km
2ʰ 50ᵐⁱⁿ

Pause in Blankenberg.

Siegufer Blankenberg.

*Bei der kurzen Streckenvariante bleiben wir auf dem Radweg Sieg und fahren unter der B 478 und der A 560 hindurch nach Hennef. Am Ortseingang knickt der Radweg scharf zum Siegufer ab und erreicht anschließend den Knotenpunkt 21 an der Frankfurter Straße. Eine Querstraße weiter können wir zum Bahnhof Hennef abbiegen. Die Wartezeit auf den Zug lässt sich prima im Hennefer Wirtshaus (www.henneferwirtshaus.de) überbrücken.
PS: In NRW ist die Fahrradmitnahme im Zug kostenpflichtig.*

Variante kurz

Wer sich für die Langstrecke entscheidet, darf den Rückweg zum Bahnhof Dattenfeld nicht unterschätzen. Uns erwarten 21.8 Kilometer mit knapp 400 Höhenmetern! Wir folgen dem Nutscheidhöhenweg auf der B 478 über die Siegbrücke. Auf der anderen Uferseite zweigt der Radweg nach Müschmühle ab und führt auf der Bödinger Straße den steilen Hang hinauf nach Altenbödingen. In Driesch biegt der Nutscheidhöhenweg in einer Rechtskurve in ein ausgedehntes Waldgebiet ab. Wer in der Kurve der Straße folgt, kann einen Abstecher in den Wallfahrtsort Bödingen unternehmen. Das Ziel der Wallfahrer ist das Gnadenbild Marias in der Kirche Zur schmerzhaften Mutter.

Auf dem Nutscheid, ein Höhenrücken, der die Wasserscheide zwischen Bröl und Sieg bildet und den Oberbergischen und den Rhein-Sieg-Kreis trennt, radeln wir nun „mehr oder weniger" kilometerweit geradeaus. Als Untergrund wechseln sich befestigte Waldwege und Nebenstraßen ab. Wir passieren den Weiler Stockum und die Knotenpunkte 23 und 56, während uns der Höhenweg immer wieder herrliche Fernblicke ins Bergische Land und das Siegtal bietet. Zwischen den Knotenpunkten 56 und 55 geht es auf der L 317 vor dem Wingenbacher Hof durch eine Senke, bevor wir in Altenherfen das Landhaus Höhe (P8) (www.landhaus-hoehe.de) erreichen. Hier können wir kräftig durchschnaufen und uns beim Einkehrschwung stärken.

P8
49.6 km
4ʰ 10ᵐⁱⁿ

Anschließend überqueren wir die L 312 und treffen, der Römerstraße folgend, auf die K 55. Wir verlassen den Nutscheidhöhenweg und rollen auf der Kreisstraße hinab ins Siegtal. Nach der letzten Abfahrtsserpentine biegen wir links nach Wilberhofen ab und erreichen mit dem Bahnhof Dattenfeld (P1) unseren Ausgangspunkt.

Ziel
55.6 km
4ʰ 40ᵐⁱⁿ

Rückfahrt auf der Kurzstrecke.

Fazit

Die Kurzstrecke bietet Flussradwegvergnügen par excellence. Wer es sportlich liebt, wählt die Rundtour und sammelt auf dem Nutscheid Höhenmeter. Die Tour besticht mit der herrlichen Flusslandschaft und vielen Orten zum Rasten und Genießen.

TourTipps

02 Sieg

- ■ Tourist-Info Eitorf im Rathaus, Markt 1, 53783 Eitorf ☏ 02243/19433
  ⓘ www.eitorf-erleben.de
- ■ Tourist-Info Hennef, Frankfurter Straße 97, 53773 Hennef
  ☏ 02242/19433 ⓘ www.tourismus-hennef.de

- ■ Café Krey, Mechthildisstraße 3, 53773 Hennef-Stadt Blankenberg
  ☏ 02248/2309 ⓘ www.panoramacafe-krey.de
- ■ Caféteria Orangerie Schloss Merten, Schloßstraße 14, 53783 Eitorf-Merten
  ☏ 02243/86276
- ■ Gilgen's im Chronos, Frankfurter Straße 93, 53773 Hennef
  ☏ 02242/969240 ⓘ www.gilgens.de
- ■ Hennefer Wirtshaus, Bahnhofstraße 19, 53773 Hennef
  ☏ 02242/8730307 ⓘ www.henneferwirtshaus.de
- ■ Hotel Haus Sonnenschein, Mechthildisstraße 16, 53773 Hennef-Stadt Blankenberg
  ☏ 02248/9200 ⓘ www.hotel-haus-sonnenschein.de
- ■ Kurparkcafé Herchen, In der Au 4, 51570 Windeck
  ☏ 02243/8413025 ⓘ www.kurparkcafe-herchen.de
- ■ Landhaus Höhe, Altenherfen 5, 51570 Windeck
  ☏ 02295/5146 ⓘ www.landhaus-hoehe.de
- ■ Mühle zu Blankenberg, Am Burghart 10, 53773 Hennef-Stein
  ☏ 02242/9697111
- ■ Restaurant Zum Alten Turm, Katharinastraße 6, 53773 Hennef-Stadt Blankenberg
  ☏ 02248/2102 ⓘ www.zumaltenturm.de

- ■ GS Bikes, Sanddornweg 10, 53773 Hennef
  ☏ 02242/9176417 ⓘ www.gsbikes.de
- ■ Zweirad Viehof, Siegstraße 75 - 77, 53783 Eitorf
  ☏ 02243/2638 ⓘ www.zweirad-viehof.de

- ■ Hermann-Weber-Bad Eitorf, Am Eichelkamp 14, 53783 Eitorf
  ☏ 02243/92305-0 ⓘ www.freizeitbad-eitorf.de

Tour Download: **BT3X215** (für GPS-Geräte)

Startpunkte finden mit scan to go®

03 Panarbora-Runde

Der Radweg Sieg bringt uns mit einem Abstecher entlang der ehemaligen Siegschleife bei Dreisel von Schladern nach Dattenfeld. Über Altwindeck und die Burgruine Windeck schließt sich der Kreis. Die Langstrecke bezieht den Naturerlebnispark Panarbora und den Panarbora-Radweg in die Strecke ein.

Start/Ziel: Bahnhof Schladern, Waldbröler Straße 3, 51570 Schladern
N 50° 48' 26.2" • E 7° 35' 31.8"

Anfahrt: Autobahn A 4 Köln–Olpe bis Kreuz Reichshof/Bergneustadt, B 256 über Waldbröl ins Siegtal folgen, im Kreisverkehr auf L 333 nach Schladern ausfahren bzw. Autobahn A 3 Köln–Frankfurt bis Kreuz Bonn/Siegburg, A 560 Richtung Hennef folgen bis Autobahnende Anschluss B 8, links abbiegen und über Eitorf auf der L 333 entlang der Sieg nach Schladern fahren

Parkplatz: P&R am Bahnhof Schladern

Zug: Rhein-Sieg-Express RE 9 sowie Verkehrsverbund Rhein-Sieg S 12/S 19 bis Bahnhof Schladern

▶ Variante kurz
17.8 km • 1h 30min • ▲ 336

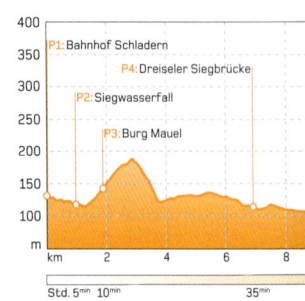

Naturerlebnispark Panarbora.

Der Ausgangspunkt dieser Tour, der Bahnhof Schladern (P1), wirkt wie ein Schloss und bietet neben dem Bahnhof Kochs Backstube (www.kochs-backstube.de) und eine E-Bike-Ladestation. Wir folgen dem Zuweg zum Radweg Sieg 150 Meter entlang der Bahnlinie, wechseln bei dem Eiscafé Thomas die Bahnseite und biegen nach der Unterführung zum Bürger- und Kulturzentrum Kabelmetal (www.kabelmetal.de) ab.

Bahnhof Schladern.

Das Gelände des ehemaligen Kupferwerkes Elmore's mit Kulturhalle, Besucherzentrum der Naturregion Sieg (www.naturregion-sieg.de) und dem Biergarten Elmores (www.elmores.de) liegt oberhalb des Siegwasserfalles (P2). Den schönsten Blick auf die Stromschnellen haben wir von einem überdachten Rondell am Uferhang.

Der Siegwasserfall entstand 1858 im Zuge des Baus der Eisenbahnverbindung von Köln nach Gießen. Um die Bahnstrecke mit möglichst wenig Kurven und Brücken zu bauen, wurde die Siegschleife bei Schladern unterhalb der Burgruine Windeck „stillgelegt". Für den geradlinigen, neuen Flusslauf sprengte man große Felsmassen und legte einen künstlichen Wasserfall an. Auf einer Breite von 84 Metern stürzt die Sieg seither über mehrere Stufen vier Meter in die Tiefe. Bei hohem Wasserstand wirkt das „Naturschauspiel" besonders imposant. Die Wasserkraft wird bis heute zur Stromerzeugung genutzt und führte zur Ansiedelung des Kupferwerkes Elmore's.

Siegwasserfall.

Vom Wasserfall fahren wir siegaufwärts zur Eisenbahnbrücke Schladern-Mauel. Hier treffen wir auf den Radweg Sieg, dem wir auf die andere Siegseite folgen. In Mauel radeln wir an der idyllisch gelegenen Burg Mauel (P3) vorrüber. Es folgt das Hotel Maueler Hofbräu (Gasthof Willmeroth). In der Hausbrauerei wird alle 10 Tage ein untergärig, leicht trübes Bier gebraut. Nach dem Gasthof knickt der Radweg rechts ab und bietet einen herrlichen Blick auf die Burgruine Windeck. Nun müssen wir kräftig in die Pedale treten. Auf einem Waldweg geht es über einen Berg hinweg nach Dreisel.

Am Ortseingang trennen wir uns vom Radweg Sieg und biegen scharf links ab, um das Naturschutzgebiet Ehemalige Siegschleife bei Dreisel zu erkunden. Nach dem Wohngebiet erreichen wir auf der K 23 den Ortseingang von Helpenstell und zweigen rechts in die Straße Zur Stockwiese ab. Am Ende der Ortsbebauung halten wir uns rechts und rollen auf einem Feldweg durch das ehemalige Flusstal der Sieg. Die Feuchtwiesen, Baumbestände und der sanft ansteigende Hang mit Pferde-, Kuh- und Schafweiden sind die Heimat stark gefährdeter Schmetterlingsarten. Zurück in Dreisel, geht es auf der Straße Wehrbusch immer geradeaus, bis wir einen herrlich gelegenen Rastplatz am Siegufer erreichen. Im Sommer kann man hier sogar baden.

P4 · 6.9 km · 35 min

An der Dreiseler Siegbrücke (P4) kehren wir auf den Radweg Sieg zurück und radeln am Fluss entlang nach Dattenfeld. Die Ortschaft empfängt uns an der Siegpromenade mit einem Ruder- und Tretbootverleih. Im Vorlauf des Dattenfelder Wehres ist die Sieg spiegelglatt und bildet eine kleine Seefläche. Anschließend rollen wir unter der Siegbrücke hindurch und verlassen den Radweg Sieg nach dem Wehr auf Höhe der Burg Dattenfeld.

Burg Mauel.

Siegufer bei Dreisel.

Rast in Dattenfeld.

Weiter geht es auf der Hauptstraße durch das Ortszentrum, wo sich das BlumenCafé und der Dattenfelder Hof für eine Verschnaufpause anbieten. Anschließend führt unser Weg zum Wahrzeichen von Dattenfeld, dem Siegtaldom (P5). Die Pfarrkirche St. Laurentius beeindruckt mit ihren 56 Meter hohen Doppeltürmen. Das Gotteshaus wurde 1879/1880 im neuromanischen Stil erbaut.

P5
9.9 km
50min

Wir folgen der Hauptstraße in Richtung Wissen/Rosbach/Schladern und biegen nach einem Netto Lebensmitteldiscounter beim Wegweiser Burg Windeck/Museumsdorf Altwindeck nach Altwindeck ab. Beim Gasthaus Zur Linde (www.linde-altwindeck.de) lohnt sich ein Abstecher in Richtung Bahnhof Dattenfeld zur ehemaligen Pulvermühle (P6), dem einstigen Gelände einer Schwarzpulverfabrik.

P6
12.9 km
1h 05min

Vom früheren Kesselhaus am Forstweg hat man einen guten Überblick über die geheimnisvoll im Wald verstreuten Gebäuderuinen. Durch den „Dschungel" zieht sich ein Besucherpfad. Hinweistafeln informieren über die gefährlichen Produktions- und Arbeitsbedingungen bei der Schwarzpulverherstellung. Die Arbeiter trugen Filzschuhe, und die Böden der Gebäude waren mit Haardecken ausgelegt. Aus Sicherheitsgründen wurden die Gebäude über mehr als einen Kilometer im Tal verteilt.

Zurück am Gasthaus Zur Linde, erreichen wir am Fuß des Schlossberges das Heimatmuseum Altwindeck (Öffnungszeiten: www.heimatmuseum-windeck.de), das uns den Alltag im Windecker

Pulvermühle

Ländchen vor 100 Jahren zeigt. Das Museumsdorf besteht aus einer Schule, einer Scheune, einem Bauerngarten sowie zwei Fachwerkhäusern und zwei Mühlen. Alle Gebäude stammen aus der Umgebung und wurden im Museumsdorf wieder aufgebaut.

P7
15.3 km
1h 15min

Nach dem Heimatmuseum folgt der Steilanstieg zur *Burgruine Windeck (P7)*, dem Wahrzeichen des Windecker Ländchens. Die imposante Burgruine wurde 1174 erstmals urkundlich erwähnt und diente den Grafen von Berg, die das Bergische Land beherrschten, als südöstliche Grenzfestung gegenüber den Grafen von Sayn, die den Westerwald dominierten. Die Burg wurde 1672 von französischen Truppen niedergebrannt.

Variante kurz

An der Abzweigung zur Burgruine Windeck trennen sich die Kurz- und Langstrecke. Auf der Kurzstrecke fahren wir direkt nach Schladern und können unsere Tour in der Kochs Backstube (www.kochs-backstube.de) am Bahnhof Schladern (P1) ausklingen lassen.

Die *Langstrecke* wartet mit dem Anstieg auf den Nutscheid-Höhenrücken zum Naturerlebnispark Panarbora auf. Die Steigung zieht sich und ist ohne E-Power Unterstützung eine

Heimatmuseum Altwindeck.

Burgruine Windeck.

echte Herausforderung. Wir rollen vom Parkplatz unterhalb der Burgruine 130 Meter in Richtung Altwindeck zurück, bis das Sträßchen nach Höhnrath abzweigt. Nach einem Zwischenplateau bei dem Weiler Höhnrath kurbeln wir auf Schotteruntergrund in kleinen Gängen bis zum Nutscheidhöhenweg (siehe auch Tour 2) hinauf. Auf dem Kamm der Hochfläche kommen wir zum Knotenpunkt 77 der RadRegionRheinland und haben es nach dem Kreisverkehr beim Naturerlebnispark Panarbora (P8) geschafft – wir sind oben!

P8
23,6 km
2ʰ

Der Naturerlebnispark Panarbora wird vom deutschen Jugendherbergswerk betrieben. Herzstück des Parks ist ein 40 Meter hoher Aussichtsturm. Nachdem wir Spirale für Spirale nach oben gelaufen sind, werden wir mit einer grandiosen Rundumsicht auf das Bergische Land, den Westerwald und das Siebengebirge belohnt. Als Landmarke ist sogar der Kölner Dom angegeben. Neben dem Turm ist der Baumwipfelpfad besonders beeindruckend. Wann läuft man schon einmal durch Baumkronen? Zum Naturerlebnispark gehören außerdem ein Infoportal mit Gastronomie, ein Wasser- und Abenteuerspielplatz, eine Naturerlebnisakademie sowie Übernachtungsmöglichkeiten in Baumhäusern. Zu den Öffnungszeiten und Eintrittspreisen siehe www.panarbora.de.

Der Rückweg nach Schladern auf dem 10 Kilometer langen Panarbora-Radweg ist ein echter Genuss für jeden Abfahrtsliebhaber. Über Herfen, Wies und Mittel rollen wir durch wunderschöne Wälder und mehrere Bachtäler zur Sieg und kommen am Angelpark an der B 256 heraus. Wir folgen der Bundesstraße 400 Meter in Richtung des Ortszentrums von Rosbach und biegen am Knotenpunkt 64 (P9) zur Sieg ab.

Am Knotenpunkt 65 erreichen wir den Radweg Sieg und können die letzten Meter nach Schladern gemütlich am Fluss entlang ausradeln. An der Eisenbahnbrücke biegen wir zum Bahnhof Schladern (P1) ab, wo sich der Kreis dieser Tour schließt.

In der Spirale nach oben.

Blick vom Aussichtsturm.

Fazit

Das Windecker Ländchen beeindruckt auf engem Raum mit seiner landschaftlichen und kulturellen Vielfalt. Der Panarbora-Anstieg macht die Langstrecke zur sportlichen Herausforderung. Zur sicheren Orientierung unbedingt ein GPS-Gerät/App nutzen!

TourTipps

03 sieg

- Tourist-Info Besucherzentrum Naturregion Sieg, Schönecker Weg 3, 51570 Windeck-Schladern ☏ 02292/19433 ⏲ www.naturregion-sieg.de

- BlumenCafé, Hauptstraße 120, 51570 Windeck-Dattenfeld
  ☏ 02292/2218
- Dattenfelder Hof, Hauptstraße 110, 51570 Windeck-Dattenfeld
  ☏ 02292/2362 ⏲ www.dattenfelderhof.de
- Eis & Café Thomas, Waldbröler Straße 7, 51570 Schladern
  ☏ 02292/921192
- Elmores Biergarten, Schönecker Weg 5, 51570 Windeck-Schladern
  ⏲ www.elmores.de
- Flair Hotel Bergischer Hof, Elmoresstraße 8, 51570 Windeck-Schladern
  ☏ 02292/9564750 ⏲ www.bergischer-hof.de
- Gasthaus Zur Linde, Wacholderstraße 8, 51570 Altwindeck
  ☏ 02292/9590700 ⏲ www.linde-altwindeck.de
- Hotel Maueler Hofbräu (Gasthof Willmeroth), Preschlin-Allee 11, 51570 Windeck-Mauel ☏ 02292/91330 ⏲ www.gasthof-willmeroth.de
- Kochs Backstube am Bahnhof Schladern, Waldbröler Straße 3, 51570 Windeck-Schladern ☏ 02292/9284746 ⏲ www.kochs-backstube.de
- Panarbora Naturerlebnispark-Jugendherberge-Restaurant, Nutscheidstraße 1, 51545 Waldbröl ☏ 02291/90865-0 ⏲ www.panarbora.de

- Udo's Fahrrad-Shop, Brölstraße 77, 51545 Waldbröl
  ☏ 02291/808081 ⏲ www.udos-fahrrad-shop.de
- Zweirad Meister, Raabeweg 2, 51545 Waldbröl
  ☏ 02291/8088233 ⏲ www.zweirad-meister.de

- Freibad Rosbach, Am Freibad 1, 51570 Windeck-Rosbach
  ☏ 02292/5246 ⏲ www.freibad-windeck.de

Tour Download: **BT3X315** (für GPS-Geräte)

Startpunkte finden mit scan*to*go®

Notizen

04 Westerwaldschleife

Der Radweg Westerwaldschleife führt von Kirchen (Sieg) auf ehemaligen Bahntrassen über Freudenberg zum Bahnhof Wildenburg. Durch das Wildenburger Land geht es entlang mehrerer Bachtäler zurück an die Sieg. Die Bahn bringt uns zum Ausgangspunkt nach Kirchen.

Start: Bahnhof Kirchen (Sieg), Bahnhofstraße 19, 57548 Kirchen
N 50° 48' 23.7" • E 7° 52' 49.1"

Anfahrt: Von Siegen oder von Wissen/Betzdorf über die B 62 nach Kirchen fahren bzw. von Norden kommend geht es über die L 280 via Freudenberg nach Kirchen

Parkplatz: P&R am Bahnhof Kirchen (Sieg)

Zug: Rhein-Sieg-Express RE 9 und Westerwald-Sieg-Bahn RB 90 sowie Rothaar-Bahn RB 93 bis Bahnhof Kirchen. Rückfahrt mit Rhein-Sieg-Express RE 9 und Westerwald-Sieg-Bahn RB 90 vom Bahnhof Wissen (Sieg)

| 46.3 km | 3h 50min | 826 ↑ | 864 ↓ | Anspruch |

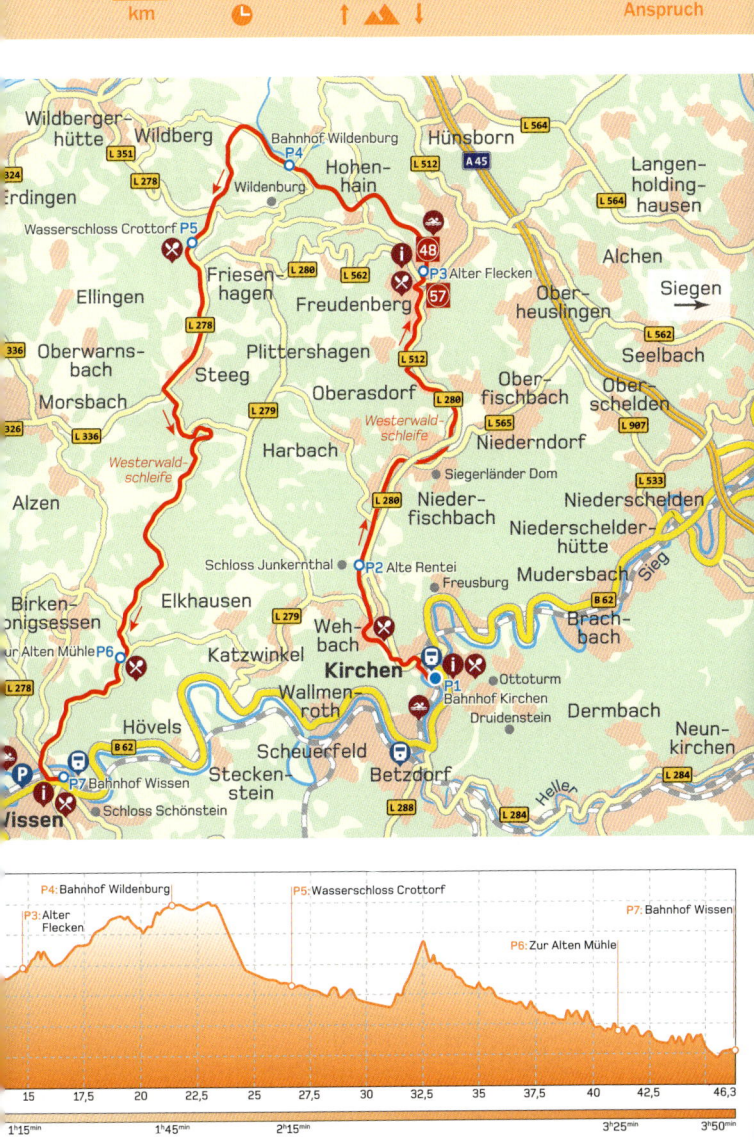

Sieg | 04

Schöne Flecken

Alter Flecken Freudenberg.

Der Radweg Westerwaldschleife (www.westerwald.info) führt direkt am Start unserer Tour, dem Bahnhof Kirchen (P1), vorüber. Die gesamte Westerwaldschleife ist 225 Kilometer lang und verbindet Linz am Rhein über Wissen und Bad Marienberg mit Diez an der Lahn. Auf dieser und der Tour 9 lernen wir Abschnitte des Radweges kennen. Wir verlassen den Bahnhof in nördlicher Richtung und biegen nach 400 Metern über eine ehemalige Eisenbahnbrücke vom Siegtal in das Asdorftal ab. Die Asdorftalbahn verkehrte von 1888 bis 1997 zwischen Kirchen und Freudenberg. Ein Großteil der Bahntrasse ist heute als Radweg ausgebaut.

Nach 850 Metern entlang der viel befahrenen L 280 zweigt der Radweg Westerwaldschleife nach Wehbach ab. Wir überqueren die Jungenthaler Straße und folgen der ehemaligen Bahntrasse durch den Ort. Am Ortsende erinnert der Straßenname Friedrichshüttenstraße an das ehemalige Stahl- und Walzwerk der Friedrichshütte AG. Es folgt ein landschaftlich besonders reizvoller Streckenabschnitt über eine Wiesenfläche beim Gut Junkernthal. Rechts vom Radweg erkennen wir ein malerisches Gebäudeensemble, bestehend aus der Alten Rentei (P2) (das Torhaus), einem Taubenhaus und der Rentei des Gutssitzes. Das Taubenhaus überrascht mit einem mehrgeschossigen Pagodendach, das ihm einen fernöstlichen Touch verleiht.

Anschließend queren wir den Zuweg zu Schloss Junkernthal, das im Wald verborgen liegt. Ein paar Meter vom Radweg entfernt, befindet sich ein weiterer Hingucker. Am Asdorfer Bach steht etwas verloren ein barocker Pavillon. Das „Gartenhäuschen" ist mit einem Wassergraben vor allzu neugierigen Besuchern geschützt. In Niederfischbach erinnern zwei Gleisstränge, eine Lokomotive und Signalanlagen an den ehemaligen Bahnhof Niederfischbach und die Asdorftalbahn. Im Ort ist die katholische Pfarrkirche St. Mauritius und Gefährten, wegen ihrer Größe auch bekannt als Siegerländer Dom, einen Abstecher wert.

Pavillon im Asdorftal.

Alte Rentei.

Der Bahntrassenradweg endet am Asdorfer Weiher, zugleich wechseln wir vom Bundesland Rheinland-Pfalz nach Nordrhein-Westfalen in den Kreis Siegen-Wittgenstein. Bis Freudenberg geht es auf dem straßenbegleitenden Radweg entlang der L 280 weiter. Vom Kreisverkehr am Ortseingang verläuft der Radweg Westerwaldschleife im Zickzack zum Knotenpunkt 57 der Radregion Siegerland-Wittgenstein (www.radeln-nach-zahlen.de) am Rand des historischen Stadtkerns Alter Flecken (P3).

P3
14.7 km
1ʰ 15ᵐⁱⁿ

Freudenberg (www.freudenberg-wirkt.de) wurde als Flecken gegründet, daher rührt die Bezeichnung Alter Flecken für den Stadtkern. Dicht an dicht drängen sich die schwarz-weißen Fachwerkhäuser am Hang. Das harmonische Gesamtbild ist Folge des geschlossenen Wiederaufbaus des Fleckens nach zwei Brandkatastrophen in den Jahren 1540 und 1666. Nach der Katastrophe von 1540 ordnete Graf Wilhelm der Reiche von Nassau den Neubau in geraden Straßen an und legte damit den schachbrettmusterartigen Grundriss fest, der bis heute die Altstadt prägt. Der Alte Flecken zählt als Beispiel einer planmäßig realisierten und einheitlich in Fachwerk errichteten Stadt des 17. Jahrhunderts zu den Baudenkmälern mit internationaler Bedeutung.

Der Besuch des Alten Fleckens ist eine Zeitreise, für die man genug Zeit einplanen sollte. Die schmalen Gassen und Kopfsteinpflasterstraßen, die prächtig restaurierten Fachwerkhäuser sowie urige Cafés und Gaststätten laden zum entspannten Bummeln und Verweilen ein. Für das perfekte Fotomotiv bietet sich zum Abschluss des Stadtrundganges ein Abstecher in den Kurpark oberhalb der Stadt an. Dort können wir die schwarz-weiße Häuser- und Giebelparade aus der Vogelperspektive betrachten und genießen.

Alter Flecken Freudenberg.

Nach dem Knotenpunkt 46 erreichen wir oberhalb des Warmwasser-Freibades der Stadt die Trasse der ehemaligen Bahnstrecke Freudenberg–Olpe. Der Bahntrassenradweg führt stetig ansteigend durch ein ausgedehntes Waldgebiet zum 400 Meter langen Hohenhainer Tunnel. Nach dem beleuchteten Tunnel fahren wir ein paar Meter durch Kleintirol, wie der nette Straßenname verrät. Auf unserer 2-Länder-Tour verlassen wir nun Nordrhein-Westfalen (und Kleintirol) und kehren nach Rheinland-Pfalz zurück. Auf einem weiteren Bahntrassenabschnitt geht es durch das Wildenburger Land zum ehemaligen Bahnhof Wildenburg (P4).

**P4
21,3 km
1ʰ 45ᵐⁱⁿ**

Wir wechseln auf die K 83 und pedalieren im Quellgebiet der Bigge 1,8 Kilometer über das Hochplateau zur Abzweigung mehrerer Fahrradwege. Der höchste Punkt der Strecke ist erreicht. Wir folgen dem Radweg Westerwaldschleife nach links und rollen auf einer reizvollen Strecke an den Weilern Busenhagen und Unternädrigen vorbei den steilen Abhang hinunter. Im Tal angekommen, nähern wir uns auf der L 278 dem hinter Bäumen versteckten Wasserschloss Crottorf (P5).

**P5
26,7 km
2ʰ 15ᵐⁱⁿ**

Schloss Crottorf befindet sich seit 1563 im Besitz der Familie von Graf Hatzfeldt-Wildburg-Dönhoff. Die Mitherausgeberin der Wochenzeitung DIE ZEIT, Marion Gräfin Dönhoff, lebte und verstarb 2002 auf Schloss Crottorf. Die Schlossanlage bildet ein Rechteck, Schloss und Vorburg sind von Wassergräben umgeben und über Brücken miteinander verbunden. Der gemütliche Schlosspark ist mit zahlreichen Kunstobjekten ausgestattet. Außen- und Parkanlage können im Sommerhalbjahr gegen Entgelt besucht werden (Öffnungszeiten siehe www.kirchen-sieg.de).

Nach dem Schloss passieren wir Krottorf und das in einer langgezogenen Straßenkurve gelegene Gasthaus Wildenburger Hof (www.landgasthof-wildenburgerhof.de). Die folgende 5,5 Kilometer lange Straßenpassage auf der vielbefahrenen L 278 im Tal des Wisserbaches bis zur Abzweigung der K 77 lässt sich nicht vermeiden. Es gilt: zügig durchfahren. Auf der K 77 müssen wir uns auf einen Steilanstieg einstellen, der uns vom Wisser- in das Wipperbachtal führt. Also in den kleinen Gang schalten und die Kraft- bzw. Akkureserven mobilisieren. Auf der Kuppe zwischen den beiden Tälern ist es geschafft – bis zum Ziel in Wissen geht es fast ausschließlich bergab.

Nach einer Serpentinenkurve führt der Radweg Westerwaldschleife durch eine einsame, urwüchsige Landschaft. Wir rollen auf dem Sträßchen durch das schmale, verträumte Wiesental. Nach Wippermühle, das aus zwei Häusern besteht, passieren wir Maus- und Wolfswinkel und erreichen Mühlenthal mit

dem Restaurant Zur Alten Mühle (P6). Weiter geht es auf der kurvenreichen K 72 durch das romantische Brölbachtal in den Wissener Ortsteil Brückhöfe.

Wir überqueren die Sieg und folgen der Bahnlinie zum Ziel unserer Tour, dem Bahnhof Wissen (P7). In Wissen (www.wissen.eu) kann ich als besonderen Einkehrtipp das Café Der Garten (www.gartencafe-wissen.eu) empfehlen. Zu dem Gartencafé fahren wir auf der parallel zur Bahntrasse verlaufenden B 62 durch den Kreisverkehr und biegen nach der Siegbrücke rechts zum Flussufer ab. Den 5.000 Quadratmeter großen Gartentraum an der Siegpromenade mit Rosengarten, Laubengängen, Nutz- und Kräutergarten, Teichen, Gartenvilla und Orangerie sollte man einmal besucht haben. Zurück am Bahnhof Wissen bringt uns die Siegtalbahn bei kostenfreier Fahrradmitnahme zum Ausgangspunkt nach Kirchen.

Der Bahnhof Kirchen (P1) bietet mit dem Restaurant Casa (www.baeckerei-koehler.de) im historischen Bahnhofsgebäude zum Abschluss unserer Tour eine weitere gute Einkehrgelegenheit.

Die Tour für Entdecker und Genießer. Mit dem Alten Flecken, der Rentei, dem Wasserschloss Crottorf und dem Café Der Garten lernen wir viele besondere Orte kennen. Einziger Wermutstropfen des Radweges ist eine 5,5 Kilometer lange Straßenpassage.

TourTipps

04 Sieg

- Tourist-Info Freudenberg, Kölner Straße 1, 57258 Freudenberg
  02734/43164 www.freudenberg-wirkt.de
- Tourist-Info Kirchen, Lindenstraße 3, 57548 Kirchen
  02741/688850 www.kirchen-sieg.de
- Tourist-Info Wissen, Bahnhofstraße 2, 57537 Wissen
  02742/2686 www.wissen.eu

- Der Garten, Frankenthal 27, 57537 Wissen
  02742/1016 www.gartencafe-wissen.de
- Fleckerei im Hotel Zum Alten Flecken, Marktstraße 11+13, 57258 Freudenberg
  02734/2768-0 www.fleckerei.de und www.alter-flecken.de
- Hotel Zur Altstadt, Oranienstraße 41, 57258 Freudenberg
  02734/496-0 www.altstadthotel-freudenberg.de
- Hüttenschenke, Koblenz-Olper-Straße 74, 57548 Kirchen-Wehbach
  02741/61671 www.huettenschenke.de
- Restaurant CASA, Bahnhofstraße 17, 57548 Kirchen
  02741/936136 www.casa-kirchen.de
- Wildenburger Hof, Krottorf 7, 51598 Friesenhagen
  02294/9936710 www.landgasthof-wildenburgerhof.de
- Zur Alten Mühle, Mühlenthal 1, 57587 Birken-Honigsessen
  02742/6171 www.zur-alten-muehle.jimdofree.com
- Zum Pinsel, Marktstraße 27, 57258 Freudenberg
  02734/4797828 www.pinsel-flecken.de

- bicycles & more, Wilhelmshöhe 4, 57258 Freudenberg
  02734/495112 www.bicyclesandmore.de

- Freizeitbad Molzberg, Auf dem Molzberg 6, 57548 Kirchen
  02741/62077 www.freizeitbad-molzberg.de
- Siegtalbad Wissen, Stadionstraße 42, 57537 Wissen
  02742/913614-0 www.siegtalbad.de
- Warmwasserfreibad Freudenberg, Gambachsweg 24, 57258 Freudenberg
  02734/1536 www.freudenberg-stadt.de

Tour Download: **BT3X415** (für GPS-Geräte)

Startpunkte finden mit scan to go®

Westerwald

Am Wiesensee.

05 Limes-Radweg

Wir folgen dem Rheinradweg von Leutesdorf zum Beginn des Limes. Der Limes-Radweg führt uns auf den Höhenzug des Naturparks Rhein-Westerwald, wo wir einen Abstecher zur Malberg-Hütte unternehmen können. Zum Tourenabschluss „surfen" wir durch die Weinberghänge nach Leutesdorf.

Start/Ziel: Parkplatz an der Rheinpromenade, Rheinstraße 20, 56599 Leutesdorf
N 50° 26' 56.0" • E 7° 23' 14.2"

Anfahrt: B 42 entlang der rechten Rheinseite bis Leutesdorf, auf Höhe der Laurentiuskirche über die Laurentiusbrücke zu Rheinstraße und Rheinpromenade abbiegen

Parkplatz: siehe Start/Ziel

Zug: Rhein-Erft-Bahn RB 27 bis Bahnhof Leutesdorf (Rhein), August-Bungert-Allee 1, 56599 Leutesdorf, der Bahnhof liegt in unmittelbarer Nähe der Rheinpromenade und ist 400 Meter vom Start entfernt

▶ **Variante kurz**
30.4 km ⏱ 2h 30min ↑↓ 626

| 36.4 km | 3 h | 727 | Anspruch |

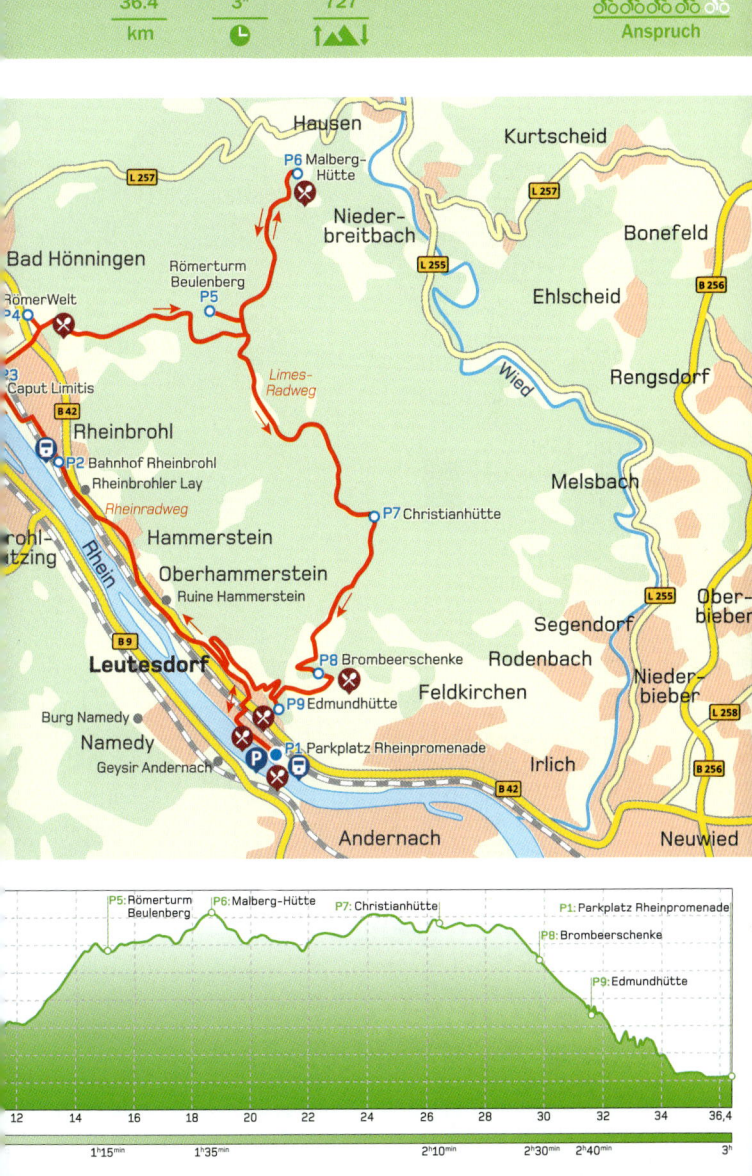

Römerturm am Beulenberg.

Blick auf Burg Rheineck.

Die Strecke beginnt am Parkplatz an der Rheinpromenade (P1) im Weinort Leutesdorf (www.leutesdorf-rhein.de). Die netten Weinstuben müssen allerdings bis zum Ende der Tour warten. Leutesdorf gilt flussabwärts als letzte bedeutende Riesling-Bastion. Der Rheinradweg (www.rheinradweg.eu) führt uns im Zickzack aus dem Weindorf heraus, wo wir am Hochkreuz die steilen Weinberghänge streifen.

Die flache Strecke im engen Rheintal entlang der B 42 ist zum Einrollen ideal. Am Steilhang „klebt" die Ruine Hammerstein. Die einst prächtige Burg Hammerstein wurde 1020 erstmals erwähnt und gilt als älteste Burganlage im Mittelrheintal. In Ober-Hammerstein passieren wir die zwischen einer Lärmschutzwand und dem Hang eingezwängte Kirche St. Georg. Nach Hammerstein geht es am Fuß der Rheinbrohler Lay entlang, bis wir am Bahnhof Rheinbrohl (P2) links abbiegen.

Wir kommen an den verlassenen Gebäuden der Hilgers AG vorbei und wechseln am Ortsende von Rheinbrohl die Bahntrassenseite. Nun radeln wir durch die Rheinwiesen mit Blick auf Burg Rheineck zum Beginn des Obergermanisch-Raetischen Limes, dem Caput Limitis (P3), mit dem rekonstruierten Römerturm.

Der 2005 zum UNESCO-Welterbe ernannte Obergermanisch-Raetische Limes verlief über 550 Kilometer von Rheinbrohl bis Regensburg an der Donau und ist das längste Bodendenkmal Europas. Vor 2000 Jahren bildete der Limes die Grenze des Römischen Reiches zum freien Germanien. Man kann die ehemalige Grenzbefestigung per Fahrrad auf dem über 800 Kilometer langen Deutschen Limes-Radweg (www.limesstrasse.de) erkunden. Der Limes-Radweg ist jedoch nicht so perfekt ausgeschildert wie andere Prädikatsradwege und es gibt auf einzelnen Streckenabschnitten mehrere Wegoptionen.

Limesturm in Rheinbrohl.

Beim Limesturm verlassen wir den Rheinradweg und fahren auf der L 87 in Richtung Naturpark Rhein-Westerwald durch einen Kreisverkehr. Auf der Brücke über die B 42 zweigt der Radweg auf die Arienheller Straße ab. Die folgende Querstraße führt uns zum Erlebnismuseum RömerWelt (P4) (www.roemer-welt.de), das die Besucher unter dem Motto Erlebnis mit allen Sinnen zum Mitmachen und Ausprobieren einlädt.

P4
9.9 km
50 min

Die interaktive Ausstellung zeigt die Entstehung, den Verlauf und die spätere Zerstörung des Limes. Wir erhalten einen prima Eindruck vom alltäglichen Leben auf beiden Seiten des Grenzwalles. Die Frage, wie schwer ein Kettenhemd ist, lässt sich unverzüglich klären: Einfach das Kettenhemd überstreifen – leichter gesagt als getan – und den Helm aufsetzen. Oder wie wäre es zum Zeitvertreib mit einer Spielrunde unter Legionären? Zur RömerWelt gehört auch ein Außengelände mit Mannschaftsstube, Werkstatt, Pfahlramme, Kräutergarten, einem römischen Backofen und einer Rekonstruktion des Limes.

Auf der Arienheller Straße folgen das Gut Arienheller sowie zwei empfehlenswerte Ausflugslokale: das Landhaus Arienheller und die Gaststätte Im Bauernstübchen. Nun beginnt der 4.5 Kilometer lange Anstieg auf den Höhenzug des Naturparks Rhein-Westerwald. Mit E-Power-Unterstützung stellt die Steigung kein Problem dar. Mit dem Tourenrad sind kleine Gänge und eine gute Kondition gefragt. Die Arienheller Straße mündet nach 750 Metern in die K 1, die von Rheinbrohl den Hang heraufführt und Teil des Limes-Radweges (www.limesstrasse.de) ist. Die Kreisstraße führt im dicht bewaldeten Nassenbachtal Meter um Meter nach oben.

RömerWelt.

Unter Legionären.

Nach dem Anstieg erreichen wir beim Jagdhaus Wilhelmsruh den Querweg, der auf dem Höhenrücken des Vorderen Westerwaldes entlangläuft. Bevor wir dem Limes-Radweg auf der K 1 nach Süden folgen, bietet sich ein Abstecher zum Römerturm am Beulenberg an. Wir orientieren uns Richtung Malberg/Hausen und zweigen bei der Turnerhütte Wilhemsruh zum Römerturm ab. Nach einer rekonstruierten Köhlerhütte müssen wir achtgeben, dass wir nicht zu weit fahren. Der Römerturm am Beulenberg (P5) befindet sich am Beginn einer Steilabfahrt etwas abseits des Weges auf einer Lichtung. Im „Abfahrtsmodus" übersieht man den Wachturm leicht und fährt den Hang zu weit hinunter. Vom Turm bietet sich uns ein erstklassiger Blick auf das Rheintal und in Richtung Eifel.

P5
15,1 km
1ʰ 15ᵐⁱⁿ

Zurück an der Turnerhütte Wilhelmsruh, lockt die Langstrecke mit dem Abstecher zum Malberg. Es geht allerdings auf demselben Weg drei Kilometer hin und wieder zurück. Dazu folgt man dem Forstweg in Richtung Malberg/Hausen über den Höhenkamm des Naturparks Rhein-Westerwald. Wir passieren das Gebildeichshäuschen sowie die Kaisereiche und erreichen die Zufahrtsstraße nach Hähnen. Nun beginnt der Schlussanstieg zur Malberg-Hütte (P6) (www.malberg-huette.de), auf der Gipfelgefühle aufkommen. Die Rundumsicht in das Wiedtal, auf Waldbreitbach und bis weit in den Westerwald hinein ist kolossal. Auf dem 373 Meter hohen Malberg steht sogar ein Gipfelkreuz. Der Blick vom Aussichtspunkt auf den Malbergsee unter uns ist herrlich.

P6
18,6 km
1ʰ 35ᵐⁱⁿ

Gut gestärkt radeln wir auf dem Höhenweg zurück zur Turnerhütte Wilhelmsruh und folgen am Jagdhaus dem Limes-Radweg auf

P7
26.4 km
2ʰ 10ᵐⁱⁿ

der Höhenstraße K 1 über den welligen Bergkamm. Nach der Fahrt durch den dichten Wald bieten die mit Streuobstbäumen bestandenen Wiesen und Äcker beim Weiherhof eine willkommene Abwechslung. Nach dem einsam gelegenen Hof tauchen wir erneut in das ausgedehnte Waldgebiet ein und erreichen am Ende einer weiten S-Kurve die Christianhütte (P7). Der Rastplatz mit einem Gedenkstein der Märkerschaft Feldkirchen liegt an einer Wegkreuzung und bietet einen guten Orientierungspunkt.

Wir folgen dem Limes-Radweg nach rechts und dürfen auf dem folgenden Streckenabschnitt die Abzweigung nach Leutesdorf nicht verpassen. Der Forstweg steigt zur nächsten Weggabelung hin leicht an. Hier verlassen wir den Limes-Radweg, der links den Berg hinunterführt, und fahren 350 Meter geradeaus bis zu einer Abzweigung, die als Anfahrpunkt 5510-505 für Rettungsfahrzeuge markiert ist.

P8
29.9 km
2ʰ 30ᵐⁱⁿ

Wir biegen rechts ab (Beschilderung Leutesdorf) und kommen auf dem Rheinhöhenweg (Markierung weißes R auf schwarzem Grund) am Waldrand entlang über eine Anhöhe mit Feldern und Jägerständen. Nach der Hügelkuppe öffnet sich der Blick auf das Rheintal und die Eifel. Die grandiose Sicht wird uns bis Leutesdorf begleiten. Nach dem Jakobshof rollen wir in einer Serpentinenkurve zur Brombeerschenke (P8) (www.brombeerschenke.de) hinunter.

Der Name verrät es, das urige Lokal bietet Brombeerspezialitäten in jeglicher Form: als Konfitüre, Sirup, Brand, Gelee, Geist, Likör, Pfannkuchen, Eisbecher, Waffel,

Kuchen, Nektar und Wein. Seit 1950 wird auf dem Südhang unterhalb der Schenke die dornige Brombeersorte Theodor Reimers kultiviert.

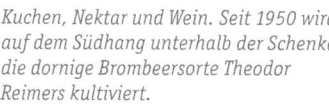
Blick vom Römerturm ins Rheintal.

Nachdem wir die Brombeerspezialitäten und die Aussicht auf das Neuwieder Becken ausgekostet haben, biegen wir an der Brombeerplantage in Richtung Leutesdorf ab. Über die freie Feldfläche geht es auf dem Neuen Weg hinab zum spektakulären Steilhang der Rheinebene. In der ersten Serpentinenkurve biegen wir zur **Edmundhütte (P9)** (www.naturfreunde.de) ab, die alpin am Hang thront. Der herrliche Panoramablick auf Leutesdorf, die Römerstadt Andernach, die Andernacher Pforte und das Hohenzollernschloss Namedy sucht seinesgleichen.

P9
31.6 km
2ʰ 40ᵐⁱⁿ

Statt direkt nach Leutesdorf hinunterzufahren, sollte man sich einen Abstecher durch die Weinberge gönnen. Nach der nächsten Straßenkehre mit einem Brunnen und der Friedenseiche passieren wir das Ortsschild von Leutesdorf und biegen rechts auf den Schützenweg ab. Wir kommen an der St. Sebastianus Schützenhalle, dem Schützenplatz und der Grillhütte Leutesdorf vorbei auf einen herrlichen Terrassenweg mit grandioser Sicht. Besonders schön ist es auf der Sonnenseite des Mittelrheintales im Herbst, wenn das Laub der Rebstöcke bunt gefärbt ist.

Die herrlich gelegene Malberg-Hütte.

In einer weiten Schleife geht es durch die Weinberge hinunter zum Hochkreuz und auf dem **Rheinradweg** zurück zum **Parkplatz an der Rheinpromenade (P1)**. Den Weg vom Hochkreuz zum Parkplatz kennen wir vom Hinweg. Mit etwas Glück sehen wir vom Rheinufer die 60 Meter

Ziel
36.4 km
3ʰ

Rast in der Brombeerschenke.

hohe Wasserfontäne des Kaltwassergeysirs auf der gegenüberliegenden Halbinsel Namedy. Der Geysir ist täglich fünf Mal aktiv. Das Spektakel dauert 6 bis 10 Minuten. Wenn das Zubringerschiff der Geysirbeobachter am Anleger liegt, lohnt es sich zu warten. Und wie wäre es zum Tourenausklang mit einem leckeren Riesling im Leyscher Hof (www.leyscher-hof.de) oder auf der Aussichtsterrasse der Jugendherberge Kloster Leutesdorf (www.diejugendherbergen.de) mit Blick auf den Rhein?

Der Weinort Leutesdorf.

Aussicht von der Edmundshütte.

Fazit

Ein Geheimtipp mit tollen Panoramablicken, netten Raststationen und dem Weltkulturerbe Limes. Der Anstieg auf die Höhe des Naturparks Rhein-Westerwald erfordert gute Kondition. Zur sicheren Orientierung empfiehlt sich ein GPS-Gerät.

Tour Tipps

05 Westerwald

- Tourist-Info Bad Hönningen, Hauptstraße 84, 53557 Bad Hönningen
  02635/2273 www.bad-hoenningen.de

- Brombeerschenke, Hof Haselberg, 56567 Leutesdorf
  02631/71242 www.brombeerschenke.de
- Edmundhütte, Am Langenbergskopf, 56599 Leutesdorf
  02631/71593 www.naturfreunde.de
- Im Bauernstübchen, Arienheller 17, 56598 Rheinbrohl
  02635/2161
- Jugendherberge Kloster Leutesdorf, Rheinstraße 25, 56599 Leutesdorf
  02631/95674100 www.diejugendherbergen.de
- Landhaus Arienheller, Arienheller 9, 56598 Rheinbrohl
  02635/5923
- Leyscher Hof am Zolltor, August-Bungert-Allee 9, 56599 Leutesdorf
  02631/73131 www.leyscher-hof.de
- Malberg-Hütte, Dorfstraße 10, 53547 Hausen-Hähnen
  02638/946731 www.malberg-huette.de
- Rheinecker Hof, Kirchstraße 1, 56599 Leutesdorf
  02631/941289-0 www.rheinecker-hof.de

- Kristall Rheinpark-Therme, Allée St. Pierre les Nemours 1, 53557 Bad Hönningen
  02635/952110 www.kristall-rheinpark-therme.de

Blick ins Rheintal.

Tour Download: **BT3X515** (für GPS-Geräte)

Startpunkte finden mit scan to go®

06 Wied-Radweg

Auf dem Wied-Radweg geht es von Neustadt nach Niederbreitbach. Durch das Fockenbachtal erklimmen wir die Höhe des Naturparks Rhein-Westerwald und kehren in Oberlahr ins Wiedtal zurück. Mit Abstechern zur Burg Lahr und zum Kloster Ehrenstein schließt sich der Kreis.

 Start/Ziel: Parkplatz Wiedparkhalle, Raiffeisenstraße 9, 53577 Neustadt (Wied)
N 50° 37' 19.4" • E 7° 25' 33.2"

 Anfahrt: Autobahn A 3 Köln–Frankfurt bis Ausfahrt 35 Neustadt (Wied), K 78 und L 270 nach Neustadt (Wied) folgen, in Neustadt (Wied) links auf die Wiedtalstraße abbiegen, dann erste Abzweigung rechts in die Raiffeisenstraße zum Parkplatz Wiedparkhalle

P Parkplatz: siehe Start/Ziel

 Zug: Kein Bahnhof an der Strecke

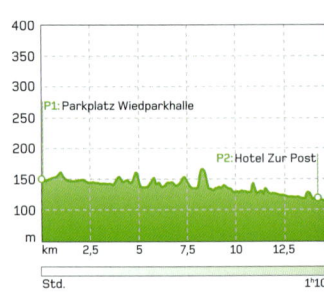

| 54 km | 4h 30min | 1057 | | Anspruch |

Wiedische Herrlichkeit

Westerwald 06

An der Wied.

Der Wied-Radweg (www.westerwald.info) begleitet den Fluss Wied auf rund 100 Kilometern von der Quelle bis zur Mündung. Für die gesamte Strecke von Rotenhain nach Neuwied sollte man inklusive Rückfahrt mit der Bahn 2 bis 3 Tage veranschlagen. Unsere Tagestour beschränkt sich auf das Mittlere und Untere Wiedtal (zum Oberen Wiedtal siehe Tour 8).

Los geht es in der Ortsmitte von Neustadt/Wied (www.neustadt-wied.de) am Parkplatz an der Wiedparkhalle (P1). Der Wied-Radweg führt am Parkplatz vorbei und überquert nach 250 Metern eine schmale Hängebrücke. Auf der anderen Flussseite radeln wir zunächst durch die Wiedaue. Es folgt eine Streckenpassage auf der ehemaligen Bahntrasse der Wiedtalbahn in Richtung Wiedmühle. Den Blick bestimmen die beiden mächtigen Brücken der A 3 und der ICE-Schnellstrecke Köln–Frankfurt. Im Ortsteil Steeg überqueren wir die L 255 und pendeln anschließend dank vieler Radwegbrücken mehrfach zwischen rechter und linker Wiedseite.

P1 Start

Vor Kodden weichen wir auf die Ortsdurchfahrtsstraße aus. Am Wiedhang beeindruckt die Burg Altenwied mit ihrer architektonisch interessanten Verbindung von historischem Bergfried und moderner Villa. Nach einer weiteren Hängebrücke wechselt der Radweg in Oberhoppen für die nächsten 6,5 Kilometer auf die L 255. Mit dem gemütlichen Nebeneinanderfahren ist es auf der Straße leider vorbei. Nach Niederhoppen verengt sich das Wiedtal und wir passieren das Hotel-Café Wiedfriede. Beim Gut Oberbuchenau beginnt der gesonderte Radweg, und es lohnt sich ein Abstecher zum herrlich an der Wied gelegenen Hotel Strand-Café (www.strand-cafe.de).

Über den Ausläufer des Wiedhanges können wir anschließend die Wiedschleife bei Niederbuchenau abkürzen und erreichen Roßbach (www.rossbach-wied.de), das idyllisch am Fuß des 350 Meter hohen Vulkankegels Roßbacher Häubchen liegt. Von 1883 bis 1942 wurde am Häubchen Basalt abgebaut.

A 3 und ICE-Brücke

P2
14.1 km
1h 10min

In Roßbach bietet sich das Hotel Zur Post (P2) (www.zur-post-rossbach.de) für eine Verschnaufpause an. Der Wied-Radweg führt sodann im Anstieg nach Lache und im Zickzack durch das Dorf. Am Ortsausgang überqueren wir vorsichtig die L 255 (Achtung Gefahrenstelle!) und steuern entlang des Wiedufers auf Waldbreitbach zu. Der Ort gilt als einer der schönsten im Wiedtal und bietet eine Vielzahl von Einkehrmöglichkeiten.

Am Fluss entlang führt ein Abstecher zur direkt am Wiedufer gelegenen Nassen's Mühle (www.nassensmuehle.de), die nicht nur Radfahrer zum gemütlichen Verweilen einlädt. Ein besonders idyllischer Ort ist der Pavillon des Bootsverleihs (P3) auf der anderen Uferseite. Einen weiteren Blickfang bietet die im Jahr 1700 nach einem Hochwasser wieder aufgebaute Ölmühle. Im Ortskern passieren wir weitere Rastgelegenheiten und die Tourist-Info Wiedtal. In der Adventszeit verwandelt sich die Ortschaft in das Weihnachtsdorf Waldbreitbach mit der größten Naturwurzelkrippe der Welt und vielen weiteren winterlichen Attraktionen.

P3
19.0 km
1h 35min

Anschließend streifen wir Hausen und kommen am Wiedtalbad (www.wiedtalbad.de) vorbei. Rechter Hand zieht das St. Josefshaus den Blick auf sich, und zu unserer Linken erkennen wir auf einer Anhöhe Kloster Marienhaus, das Mutterhaus der Waldbreitbacher Franziskanerinnen. Der gesamte Gebäudekomplex umfasst neben dem Kloster auch ein Klinikum und Tagungszentrum. Auf einen Streckenabschnitt durch die Wiedaue folgt ein kurzer, knackiger Anstieg am Hang des nächsten Wiedbogens. Danach

queren wir den Campingplatz Neuerburg und rollen über die Wiedbrücke nach Niederbreitbach. Der Radweg führt durch ein Wohngebiet zum Abzweig Fockenbachtal (P4) (Ausschilderung Fockenbachsmühle/Verscheid).

P4
23,0 km
1h 55min

Hier verlassen wir den Wied-Radweg und folgen dem Verbindungsweg nach Oberlahr. Achtung, diese Strecke ist nur bis zum Ortsausgang als Radweg beschildert! Zur sicheren Orientierung benutzt man am besten ein GPS-Gerät. Nach 200 Metern auf der L 255 biegen wir in der Ortsmitte von Niederbreitbach rechts in die Fockenbachstraße ab und finden uns nach der Fahrt durch ein lang gezogenes Wohngebiet im wildromantischen Fockenbachtal wieder. Das enge, naturbelassene Tal zählt zu den landschaftlichen Höhepunkten der Tour. Unmittelbar vor der Fockenbachsmühle (P5) zweigt der Fahrweg links in ein Seitental (Ausschilderung Goldscheid/Verscheid) ab. Wir passieren die Mühle und müssen am Hang kräftig in die Pedale treten.

P5
29,5 km
2h 30min

Auf halber Höhe treffen wir auf eine Weggabelung und orientieren uns in der Kehre nach rechts. Im dichten Wald strampeln wir nach Hollig. Nun zieht sich der Anstieg über eine freie Fläche bis zur Straßenkreuzung (P6) von K 88 und K 90. Ohne E-Bike kommt man gehörig ins Schwitzen. Zum Glück ist der höchste Punkt der Strecke erreicht. Wir halten uns rechts und rollen auf der K 90 über Siebenmorgen nach Dasbach. Nun folgt ein „letzter" Anstieg den Gegenhang hinauf. Wir queren die ICE- und Autobahntrasse und erreichen in Epgert die L 270. Geschafft, wir sind oben! Auf der Landesstraße geht es 130 Meter nach

P6
31,9 km
2h 40min

Ölmühle Waldbreitbach.

Bootspartie auf der Wied.

Angelparadies Stausee Obersteinebach.

links, dann folgen wir der Ausschilderung Oberlahr/Stausee nach rechts. Die Verbindungsstrecke führt uns in flotter Fahrt auf der K 1 über Obersteinebach, den Stausee mit der Wallerstube und Niedersteinebach zurück ins Wiedtal.

P7 · **41,0 km** · **3ʰ 25ᵐⁱⁿ**

Beim **Hotelpark Der Westerwald Treff (P7)** (www.westerwaldtreff.de) gelangen wir zurück auf den **Wied-Radweg**. Bis Neustadt/Wied orientiert sich der Radweg am Verlauf der ehemaligen Wiedtalbahn. Leider wurden im 2. Weltkrieg fast alle Eisenbahnbrücken gesprengt und nicht wieder aufgebaut. Deshalb müssen wir von der Bahntrasse mehrfach auf parallel verlaufende Straßen ausweichen. Der folgende Streckenabschnitt führt am Wiedhang entlang und ist Teil des Premiumwanderweges Wiedweg. Obacht, der Waldweg kann bei Nässe rutschig und matschig sein! Ein Zeugnis der Bergbauvergangenheit der Region ist der Alvensleben-Stollen, der direkt am Wegrand liegt.

In dem 1835-1864 gebauten Schacht wurde bis 1930 Eisenerz abgebaut. Der Stollen gehörte zur Grube Louise und verläuft über 1,5 km schnurgerade in den Berg. Nach Vereinbarung kann der Besucherstollen im Rahmen einer Führung besichtigt werden (www.vg-flammersfeld.de).

Burgruine Lahr.

Blaue Mühle in Burglahr.

Vor Heckerfeld lohnt sich ein Abstecher auf die andere Wiedseite nach Burglahr. Der Bergfried der Burgruine Lahr (P8) ist zwar gesperrt, doch das Panorama lässt sich von der Traumliege am Fuß des Turmes ebenso genießen. Vor uns erstreckt sich die Lahrer Herrlichkeit, wie der Landschaftsabschnitt zwischen Ober-, Burg- und Peterslahr genannt wird. Zurück auf dem Wied-Radweg bleibt uns der Anstieg in der Ortschaft Heckerfeld nicht erspart. Im Zickzack geht es anschließend durch Peterslahr, bevor wir einen ehemaligen Eisenbahntunnel erreichen. Wie praktisch, es gibt sogar eine Tunnelbeleuchtung mit Schalter.

P8
44.7 km
3h 45min

Anschließend müssen wir für 1,7 Kilometer auf die L 269 ausweichen. Die Straße führt am felsigen Wiedhang entlang durch die Mettelshahner Schweiz. Nach der Abzweigung Mettelshahn beginnt auf der anderen Wiedseite ein weiterer Bahntrassenabschnitt. Ich empfehle jedoch bis zum Kloster Ehrenstein (P9) (www.kloster-ehrenstein.de) auf der L 269 weiterzufahren. Kloster, Kirche und Burgruine darf man sich einfach nicht entgehen lassen.

P9
50.9 km
4h 15min

Kloster Ehrenstein wurde 1486 vom Kreuzherrenorden errichtet. Seinen Namen verdankt es der Burg Ehrenstein, die nahe der frei zugänglichen Klosterkirche auf einer Bergkuppe liegt. Die Burg wurde 1632 von schwedischen Truppen zerstört und verfiel danach zur Ruine. Kloster Ehrenstein befindet sich in der Trägerschaft der Marienhaus GmbH der Franziskanerinnen von Waldbreitbach (siehe den Wegabschnitt von P 3 nach P 4).

Nach dem Abstecher zum Kloster schieben wir unsere Fahrräder über die schmale Hängebrücke auf die andere Uferseite. Auf dem Bahntrassenweg setzen wir unsere Fahrt fort und können auf der ebenen Strecke ganz entspannt nach Neustadt/Wied ausradeln. Im Ort wechseln wir ein letztes Mal die Wiedseite und sind zurück am Ausgangspunkt, dem Parkplatz an der Wiedparkhalle (P1). Wie wäre es als Tourenabschluss mit einem Einkehrschwung ins Eiscafé Silberlöffel?

Ziel 54 km 4ʰ 30ᵐⁱⁿ

PS: Wer den bergigen Verbindungsweg zwischen Niederbreitbach und Oberlahr scheut, hat die Gelegenheit, von Niederbreitbach mit dem Bus der Regiolinie 131 nach Neustadt/Wied zurückzufahren. Man kann dem Wied-Radweg auch weiter flussabwärts folgen und nutzt den Bus ab Datzeroth oder Altwied. Beim Bustransfer ist jedoch zu beachten, dass für Fahrräder keine Beförderungsgarantie besteht. Bei Gruppen reicht der Platz im Bus für mehrere Fahrräder leider nicht aus. Offiziell dürfen im Bus auch keine Pedelecs und E-Bikes mitgenommen werden.

Relikt der Wiedtalbahn.

Kloster Ehrenstein.

Fazit

Die Tour begeistert mit der Schönheit und Vielfalt des Wiedtals. Neben Bahntrassen- und Flussradwegabschnitten kommt man um ein paar Kilometer Landstraße nicht herum. Für die Strecke Niederbreitbach-Oberlahr empfiehlt sich ein GPS-Gerät!

Tour Tipps

06 Westerwald

- Tourist-Info Neustadt/Wied, Raiffeisenstraße 3, 53577 Neustadt/Wied
  02683/930-510 www.neustadt-wied.de
- Tourist-Info Wiedtal, Neuwieder Straße 61, 56588 Waldbreitbach
  02638/4017 www.wiedtal.de

- Hotelpark Der Westerwald Treff, In der Huth 1, 57641 Oberlahr
  02685/87-0 www.westerwaldtreff.de
- Hotel-Café Wiedfriede, Arnsau, 53547 Roßbach-Arnsau 02638/9336-0
- Hotel Strand-Café, Neustadter Straße 9, 53547 Roßbach/Wied
  02638/9339-0 www.strand-cafe.de
- Hotel Zur Post, Wiedtalstraße 55, 53547 Roßbach/Wied
  02638/2559910 www.zur-post-rossbach.de
- Nassen's Mühle, Am Mühlenberg 2, 56588 Waldbreitbach
  02638/94357 www.nassensmuehle.de
- Silberlöffel, Wiedtalstraße 11, 53577 Neustadt/Wied 02683/9669950
- Vita Balance Hotel Hertling, Am Mühlenberg 1, 56588 Waldbreitbach
  02638/93300 www.vitabalance-hotel.de
- Wallerstube Obersteinebach, Zum Stausee, 56593 Obersteinebach
  02687/9274372 www.wallerstube-obersteinebach.de

- Wiedtalbad, Hönninger Straße 1, 53547 Hausen
  02638/4228 www.wiedtalbad.de

Burgruine Altwied.

Tour Download: **BT3X615** (für GPS-Geräte)

Startpunkte finden mit scan to go®

Notizen

07 Radweg Puderbacher Land

Wir starten im verkehrsgünstig gelegenen Willroth und stoßen im Grenzbachtal auf den Radweg Puderbacher Land. Gegen den Uhrzeigersinn fahren wir durch die hügelige Landschaft des Niederwesterwaldes um Puderbach herum. Besonders attraktiv sind die Streckenabschnitte im Wied- und Grenzbachtal.

 Start/Ziel: Pendlerparkplatz in Willroth an der B 256, Amselweg, 56594 Willroth
N 50° 33' 58.3" • E 7° 31' 33.7"

 Anfahrt: Autobahn A 3 Köln–Frankfurt bis Ausfahrt 36 Neuwied, B 256 Richtung Willroth/Horhausen/Altenkirchen, Pendlerparkplatz (Achtung Höhenbeschränkung 2 Meter) auf der linken Seite gegenüber McDonald's und der Aral-Tankstelle

P **Parkplatz:** siehe Start/Ziel

Zug: Kein Bahnhof an der Strecke

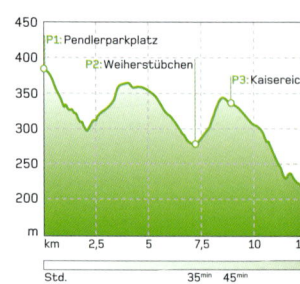

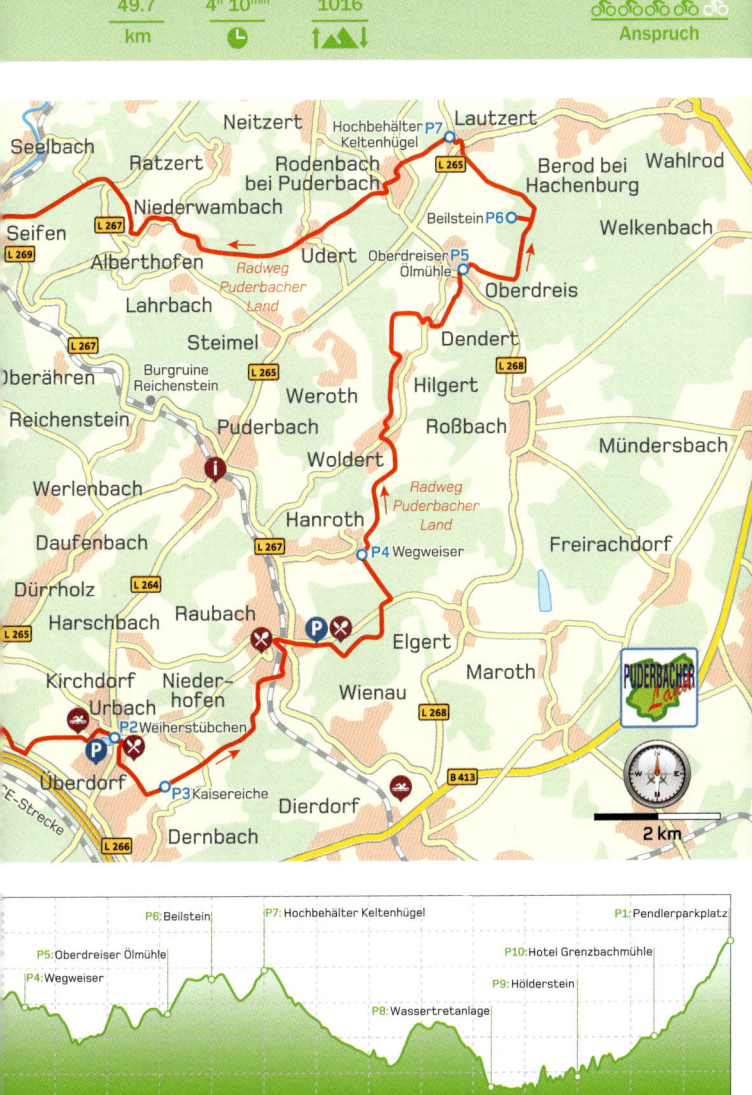

Westerwald 07

Am Rad der Zeit

Förderturm der ehemaligen Grube Georg.

Ein paar Tipps vorweg: Die Strecke verläuft teils auf geschotterten Feld- und Waldwegen und kann insbesondere im Grenzbachtal matschig sein. Für schmale Rennradreifen ist der Weg deshalb nicht geeignet. Am besten fährt man die Tour bei trockenem Wetter. Die vielen, knackigen Anstiege verlangen eine gute Kondition. Mit dem E-Bike ist es natürlich leichter. Da Ausgangs- und Endpunkt am höchsten Punkt der Strecke liegen, sollte man sich für den Schlussanstieg nach Willroth ein paar Körner bzw. eine Akkureserve aufsparen. Zudem empfiehlt es sich, Proviant mitzunehmen, da speziell unter der Woche viele Gaststätten geschlossen sind oder erst am Spätnachmittag öffnen.

Am Urbacher Weiher.

Für den Startpunkt Willroth spricht die verkehrsgünstige Lage direkt an der Autobahnausfahrt Neuwied der A 3. Schön ist das Gewerbegebiet rechts und links der Autobahn jedoch nicht. Alternativ kann man in Döttesfeld, Urbach, Raubach und Lautzert starten. Dort informieren sogar Hinweistafeln an Parkplätzen über den Radweg. Der weithin sichtbare Orientierungspunkt Willroths ist der 56 Meter hohe Förderturm der ehemaligen Grube Georg, ein stummer Zeuge aus der großen Zeit des Erzbergbaus. Wer sich mit Proviant versorgen will, ist in der Bäckerei Backfreund (www.backfreund.de) gut aufgehoben. Wir starten gegenüber dem Pendlerparkplatz (P1) in der Höhenstraße bei der Aral-Tankstelle. Da der Zuweg zur Radrunde Puderbacher Land (www.puderbacher-land.de) nicht ausgeschildert ist, muss man bei der Orientierung auf den ersten 1.5 Kilometern besonders gut aufpassen!

Nach 200 Metern biegen wir links auf die Straße In der Hohl ab und fahren in einer Rechtskurve den steilen Hang hinunter. Wir verlassen Willroth und kommen im Grenzbachtal an der Kläranlage vorbei. An der folgenden Weggabelung stoßen wir auf den Radweg Puderbacher Land. Obacht, die Beschilderung des Radweges ist von unserer Seite schlecht zu erkennen. Da wir die Radrunde gegen den Uhrzeigersinn fahren, biegen wir rechts ab und arbeiten uns im herrlichen Seitental des Grenzbaches nach Linkenbach hinauf. Im Ort passieren wir eine liebevoll angelegte Teichanlage und strampeln zum Ortsausgang, wo wir die L 265 überqueren.

Beim Birkhof haben wir die Höhe erreicht und rollen durch ein Waldgebiet. Je nach Windrichtung hört man die nahe Autobahn. Nach einer kurzen Passage parallel zur L 266 können wir vom Naturpark-Weitblick Urbach das Panorama der weiten Hügellandschaft des Westerwaldes genießen. Nach einer rasanten Abfahrt führt der Radweg in einer Schleife um den Urbacher Weiher herum. Das herrlich gelegene Weiherstübchen (P2) (www.weiherstuebchen.de) hat leider nur am Wochenende tagsüber geöffnet. Den Mittelpunkt des Ortes Urbach bildet die evangelische Kirche mit ihrem auffälligen, weißen Turm aus dem 13. Jahrhundert.

P2
7.3 km
35 min

Anschließend werden wir durch ein Wohngebiet aus Urbach herausgeführt und müssen den nächsten, heftigen Anstieg in Richtung Gewerbegebiet bewältigen. Wohl dem, der auf einem E-Bike unterwegs ist. Nachdem wir auf der Geländekuppe links abgebogen sind, geht es mit Blick auf das Naturdenkmal Kaisereiche (P3) – der mächtige Baum steht zu unserer Linken mitten auf einer Ackerfläche – in Richtung Raubach weiter. Die Fahrt über die Hochfläche ist bei gutem Wetter ein Genuss, bei Gegenwind und Regen kann es jedoch ungemütlich werden. Die folgende Schotterabfahrt nach Raubach rüttelt uns ziemlich durch. Im Ort muss man angesichts vieler Richtungsänderungen die Beschilderung gut im Auge behalten.

P3
8.8 km
45 min

Wir überqueren den Holzbach und die L 267 und fahren auf der Kreisstraße 124 aus Raubach heraus. Vor dem Schützenhaus (www.schuetzenhaus-raubach.de) mit Parkplatz und Übersichtskarte zum Radweg verlassen wir die Straße und werden im Zickzack über den Hügel in Richtung Hanroth geführt. Wir kommen am Siebengebirgsblick vorbei und treffen am Ortsrand auf einen markanten Wegweiser (P4) mit Richtungsausschilderung nach Moskau, Rom und Tokio. Mit 384.403 km ist sogar die Entfernung zum Mond angegeben. In der Ortschaft Woldert erreichen

P4
16 km
1h 20 min

Naturdenkmal Kaisereiche.

wir das Dreisbachtal und radeln auf der linken Bachseite weiter nach Hilgert. Dort knickt der Radweg links ab und führt über einen Hügelrücken nach Dendert.

Nach erneutem Wechsel der Bachseite fahren wir in Oberdreis an der Töpferei Schmidt, die auch die Postfiliale des Ortes betreibt, vorüber. Die Töpferei existiert seit 1835 und ist ein Relikt der Blütezeit des weißen Tons, der in der nahe gelegenen Tonzeche Guter Trunk Marie abgebaut wurde. Am Ortsausgang erwartet uns mit der **Oberdreiser Ölmühle (P5)** der nächste Hingucker. Achtung, man muss zweimal hinsehen, da die historische Mühle hinter einem Hofgebäude versteckt liegt. Das Hinweisschild des Themenweges Oberdreis mit Informationen zur Mühle dient als „Stoppschild". Die Geschichte der Mühle reicht bis 1735 zurück. Früher wurde hier aus Raps, Sonnenblumen und Leinsamen Öl für Haushalts-, Stall- und die Bergmannslampen gewonnen.

P5
22.8 km
1^{h}55^{min}

Es folgt der steile Anstieg in den Oberdreiser Wald bis zur Sängerhütte. Ein Stück weiter lohnt sich ein Abstecher zum **Naturdenkmal Beilstein (P6)**. Hierbei handelt es sich um einen Findling aus der Eiszeit mit 40 Meter Durchmesser, der versteckt mitten im dichten Buchenwald liegt. Wie ist dieser Steinkoloss hierhin gekommen? Nein, Rübezahl hat nicht Hand angelegt, verantwortlich waren vulkanische Kräfte. Bearbeitungsspuren am Stein zeigen, dass noch bis Ende des 20. Jahrhunderts am Beilstein Basalt gebrochen wurde. Anschließend durchqueren wir den Wiesenkessel bei Lautzert, wo Hinweistafeln über das örtliche Wasserschutzgebiet informieren.

P6
25.0 km
2^{h}05^{min}

Nachdem wir in Lautzert die L 265 überquert haben, bietet sich am Ortsrand ein Abstecher zum Hochbehälter Keltenhügel (P7) an. Dort können wir am Infopunkt des Wasser-Wanderweges unsere Fahrradflaschen mit frischem Trinkwasser füllen. Zurück auf dem Radweg, reicht der Blick bis zu unserem Startpunkt bei der Grube Georg. Der Förderturm bildet eine markante Landmarke am Horizont. Es geht nun stetig bergab durch die Dörfer Rodenbach und Udert mit recht verwinkelten Ortsdurchfahrten. Entlang des Rodenbaches rollen wir an einem Anglerparadies mit mehreren Teichen bei der Udertsmühle vorüber. Nach der herrlichen Genussabfahrt erwartet uns in Niederwambach der nächste Anstieg. Mit Blick auf die markante Kirche und das Forsthaus Lichtenthal arbeiten wir uns nach einem kurzen Stück auf der K 134 den Gegenhang hinauf.

P7
27.5 km
2h 20min

Im ausgedehnten Staatsforst Altenkirchen queren wir die L 267, und beim Fernblick oberhalb der Ortschaft Seifen ist der Förderturm der Grube Georg schon etwas näher gerückt. An der nächsten Weggabelung treffen wir auf den Wied-Radweg. Beide Radstrecken folgen auf den nächsten drei Kilometern dem gleichen Weg. Vor dem Stellberg biegen wir rechts ab, und es geht auf einer Waldabfahrt vorsichtig nach Döttesfeld hinunter. Ein Hinweisschild warnt uns vor dem groben Schotteruntergrund. Wir haben das Wiedtal erreicht und können einen Abstecher zur Wassertretanlage (P8) unternehmen. Die Kneipprunde im Holzbach wirkt herrlich erfrischend und belebend. Anschließend lockt in Döttesfeld das Landgasthaus Zum Wiedbachtal (www.hotel-zum-wiedbachtal.de) (Achtung,

P8
38.4 km
3h 10min

384.403 km zum Mond.

Oberdreiser Mühle.

Im Rodenbachtal.

eingeschränkte Öffnungszeiten unter der Woche!). Zurück auf dem Radweg queren wir die Wied und fahren am Sportplatz der Amboss-Kickers vorbei.

Das Kleinfeld liegt an einem ehemaligen Gleisdreieck. Brückenpfeiler und Tunnel erinnern an die Krupp'sche Kleinbahn, die von 1883 bis 1930 Erze von der Grube Louise zum Bahnhof Seifen brachte und an die von 1912 bis 1945 betriebene Bahnstrecke Linz–Flammersfeld. In einer Schleife erklimmen wir den ehemaligen Bahndamm. Nach einer Waldpassage führt ein herrlicher Wegabschnitt entlang der Flussschleife mit spektakulärem Blick auf die Wiedaue und den bewaldeten Steilhang. Bevor wir die L 269 erreichen, führt der Radweg durch einen unbeleuchteten, ehemaligen Eisenbahntunnel. Während der Wied-Radweg dem Fluss folgt, biegen wir nach Überquerung der Wiedbrücke auf der L 269 rechts ins Grenzbachtal ab.

Das Grenzbachtal wird im Rahmen eines Modellprojektes renaturiert, um die ursprüngliche Kulturlandschaft des offenen Wiesentals wiederherzustellen. Im Tal wurden nach dem Rückgang der

Abstecher auf den Klettersteig?

Heckrinder im Grenzbachtal.

traditionellen, landwirtschaftlichen Wiesenbewirtschaftung in den 1970er-Jahren reihenweise Weihnachtsbäume gepflanzt. Durch die Bewaldung verlor das Grenzbachtal seinen ursprünglichen Charakter. Im Rahmen der Renaturierung wurde der dichte, dunkle Fichtenforst teilweise gerodet. Zur Erhaltung des Auencharakters und zur Offenhaltung der Talwiesen werden Großviehherden mit sogenannten Heckrindern eingesetzt, die den Talgrund frei beweiden.

Der acht Kilometer lange, sanfte Talanstieg entlang des Grenzbaches ist der Höhepunkt des Radweges und macht die Strecke zur Traumtour. Das Grenzbachtal ist zu jeder Jahreszeit ein Erlebnis und besonderer Hingucker. Auf Forstwegen fahren wir durch das enge Tal und kommen zunächst am Gut Hoffnungsthal vorbei, das heute das Yoga Vidya Zentrum Westerwald beherbergt. Das Gut wurde um 1770 als Jagdhaus der Fürsten von Wied erbaut. Es folgt der **Hölderstein (P9)**, eine mit Buchen und Eichen bewachsene Felskuppe, über die sogar ein Klettersteig führt. Im Tal können wir mit etwas Glück die Heckrinder beim Weiden bzw. Freihalten der Fläche beobachten.

P9
42,5 km
3h 35min

P10
46.1 km
3ʰ 50min

Nach einem etwas steileren Anstieg passieren wir die Reitanlage Pleckhauser Mühle und haben uns wenig später beim **Hotel Grenzbachmühle (P10)** (www.grenzbachmuehle.de) eine Erfrischung verdient. Die Grenzbachmühle liegt etwa auf halber Höhe des Anstiegs von der Wiedbrücke an der L 269 nach Willroth. E-Biker brauchen also noch eine Akkureserve. Mit etwas Wehmut verabschieden wir uns anschließend von der Ruhe und Idylle des Grenzbachtales. Der Gegensatz zum Gewerbegebiet an der A 3 bei Willroth könnte kaum krasser sein.

Ziel
49.7 km
4ʰ 10min

Am **Pendlerparkplatz (P1)** schließt sich unser Kreis. Der Förderturm der ehemaligen Eisenerzgrube Georg ist zum Greifen nah. Die Geschichte des Bergbaus in Willroth lässt sich bis 1338 zurückverfolgen. Die Grube Georg wurde nach der letzten Schicht im Jahr 1965 geschlossen. Das Fördergerüst mit der 70 Meter langen Hängebank ist seit 1988 ein eingetragenes Industriedenkmal. Von April bis Oktober werden jeden dritten Samstag Besichtigungen organisiert (www.vg-flammersfeld.de).

Naturparadies Grenzbachtal. Grube Georg.

 *Fazit*

Eine anspruchsvolle Tour mit viel Auf und Ab. Die Höhepunkte erwarten uns in der zweiten Streckenhälfte. E-Biker sollten sich für den Schlussanstieg eine Akkureserve aufsparen. Die Tour kann bei Nässe matschig sein, besser bei Trockenheit fahren.

Tour Tipps

07 Westerwald

- Tourist-Info Puderbacher Land, Hauptstraße 13, 56305 Puderbach
  02684/858-160 www.puderbacher-land.de

- Bäckerei Backfreund, Grubenstraße 1, 56594 Willroth
  02687/928565 www.backfreund.de
- Die Mühlenbäcker, Brechhofer Straße 2, 56316 Raubach
  02684/850895 www.die-muehlenbaecker.de
- Hotel Grenzbachmühle, Grenzbachstraße 17, 56593 Horhausen
  02687/1083 www.grenzbachmuehle.de
- Schützenhaus, Elgerter Str. 40, 56316 Raubach 02684/5535
  www.schuetzenhaus-raubach.de
- Weiherstübchen, Puderbacher Str. 20, 56317 Urbach
  02684/956607
  www.weiherstuebchen.de
- Zum Wiedbachtal mit Hui-Wäller Stube, Wiedstr. 14, 56305 Döttesfeld
  02685/1060 www.hotel-zum-wiedbachtal.de
- Zur Postkutsche, Grubenstr. 3, 56594 Willroth 02687/315

- Aquafit Dierdorf, Neuwieder Str. (B 413) am Kreisel, 56269 Dierdorf 02689/922799
  www.aquafit-dierdorf.de
- Freibad Urbach, Enger Weg, 56317 Urbach
  0170/6043850
  www.puderbacher-land.de

Naturnah Radwandern
...abseits vielbefahrener Straßen...

Premium Radwanderweg

www.puderbacher-land.de
Tourist-Info Puderbacher Land
Hauptstraße 13, 56305 Puderbach
Tel. 02684/858-160, Fax: 02684/858-199
E-Mail: touristik@puderbacher-land.de

Tour Download: **BT3X715** (für GPS-Geräte)

Startpunkte finden mit scan to go®

08 Nister-Wied-Radrunde

Die Tour verbindet zwei Flussradwege. Von Hachenburg fahren wir auf dem Nister-Radweg bis Stein-Wingert, wo wir den Radweg Hachenburger Westerwald als Verbindung ins Wiedtal nutzen. Der Wied-Radweg bringt uns zur Wiedquelle, bevor wir über Alpenrod zum Start zurückkehren.

Start/Ziel: Bahnhof Hachenburg, Bahnhofstr. 18, 57627 Hachenburg
N 50° 39' 50.1" • E 7° 49' 23.1"

Anfahrt: Autobahn A 3 Köln–Frankfurt bis Ausfahrt 37 Dierdorf, L 258 und B 413 bis Hachenburg folgen, bei Ausfahrt Hachenburg/Zentrum auf Koblenzer Straße abbiegen, im Kreisverkehr auf Graf-Heinrich-Straße Richtung Zentrum, links in die Bahnhofstraße abbiegen; alternativ B 414 von Altenkirchen bzw. Bad Marienberg bis Hachenburg

Parkplatz: Parkplätze in der Bahnhofstraße beim Bahnhof Hachenburg oder Großparkplatz unterhalb von Schloss Hachenburg am Alexanderring

Zug: Westerwald-Sieg-Bahn RB 90 bis Bahnhof Hachenburg

▶ **Variante kurz**
55.5 km ⏱ 4ʰ 40ᵐⁱⁿ ▲ 943

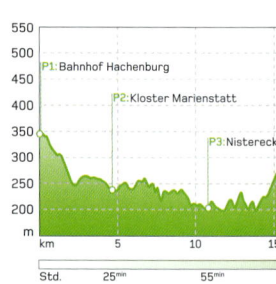

Westerwald | 08

Magische Momente

Schmanddippe in Hartenfels.

Hachenburg (www.hachenburg.de) zählt zu den schönsten Städten des Westerwaldes und ist der ideale Ausgangspunkt unserer Rundtour. Wir beginnen am **Bahnhof Hachenburg (P1)** und folgen dem **Nister-Radweg** (www.westerwald.info) am Cinexx Multiplexkino vorbei, über die Bahnschienen und L 288 hinweg zum Cadillac Museum. Wer sich für die amerikanischen Straßenkreuzer interessiert, kann hier einen ersten Stopp einlegen. Auf der anschließenden rasanten Abfahrt ins Nistertal muss man aufpassen und darf es mit dem Tempo nicht übertreiben.

P1 Start

Bei der Nistermühle überqueren wir die Nister und können vom Gegenhang den Blick zurück auf Hachenburg genießen. Über Wiesen und Weideflächen geht es weiter zum **Kloster Marienstatt (P2)** (www.abtei-marienstatt.de). Die bekannte Marienwallfahrtsstätte mit Abtei, frühgotischer Basilika, Bibliothek, Brauhaus, Buchhandlung, Gymnasium sowie Barock- und Kräutergarten liegt idyllisch im Nistertal. Für den Aufenthalt sollte man genug Zeit einplanen. Auch wenn wir erst 4,5 Kilometer geradelt sind, lockt das zünftige Marienstatter Brauhaus zum ersten Einkehrschwung.

P2 4.7 km 25min

Kloster Marienstatt wurde 1222 von Zisterziensern gegründet. Die Ordensregel ora et labora gebietet den Mönchen ein ausgeglichenes Maß an Gebet, körperlicher Arbeit und Kontemplation. Die Gebete, an denen wir als Besucher teilhaben können, beginnen mit dem Laudes um 6.10 Uhr und setzen sich über den Tag mit Mittagshore, Vesper, Matutin und Komplet fort. Es ist ein Ereignis, den gregorianischen Choral in der Klosterkirche zu hören.

Kloster Marienstatt und die aus dem Mittelalter stammende Steinbogenbrücke über die Nister bilden das „Eingangstor" zur Kroppacher Schweiz. Die gebirgig anmutende Landschaft wurde im Lauf der Zeit

Kloster Marienstatt.

Burgruine Steinebach.

von der Großen und Kleinen Nister geschaffen. Bei Nässe muss man aufpassen, die Forstwege im Landschaftsschutzgebiet können matschig sein. Nach einer Waldpassage quert der Nister-Radweg vor Astert die K 19 und führt in einer Schleife auf der Hauptstraße durch den Ort. Auf der Ortsverbindungsstraße K 14 rollen wir danach am Nisterhang entlang, werden im Zickzack durch Heuzert geführt und erreichen nach flotter Abfahrt beim Café am Wilhelmsteg (www.wilhelmsteg.de) die Nister.

P3 · 10.7 km · 55min

Auf Forstwegen geht es nun durch den dichten Wald zum Zusammenfluss von Großer und Kleiner Nister. Das Nistereck (P3) wird nicht ohne Stolz Deutsches Eck des Westerwaldes genannt. Nach dem Pegel Heimborn kürzen wir eine Nisterschleife über einen Hügel hinweg ab. Es folgt eine letzte Crossstrecke entlang der Nister, bevor wir bei Stein-Wingert auf die K 16 treffen. Hier verabschieden wir uns vom Nister-Radweg und strampeln auf der Kreisstraße den Hang hinauf. Achtung, der Verbindungsweg vom Nister- zum Wied-Radweg über die Hochfläche der Giesenhauser Höhe verlangt eine gute Kondition. Wir orientieren uns nun am Radweg Hachenburger Westerwald (www.westerwald.info), der aus Stein-Wingert den Berg heraufführt.

Auf der Hochfläche kreuzen wir die L 290 und streifen die Ortschaft Giesenhausen. Nach einem weiteren kurzen Anstieg ist

Am Dreifelder Weiher.

der Berg bezwungen und wir werden für unsere Mühe mit einem herrlichen Weitblick belohnt. Auf der Abfahrt ins Wiedtal folgt der Radweg Hachenburger Westerwald zunächst der L 290, die in Kroppach auf die B 414 stößt. Vorsicht! Die Straßeneinmündung ist eine Gefahrenstelle! Auf der B 414 rollen wir danach am Bahnhof Ingelbach vorbei und können die Bundesstraße unmittelbar nach Überquerung der Bahntrasse verlassen. Ein wilder Zickzackkurs führt den Wald- und Wiesenhang hinab nach Ingelbach. An der Einmündung (P4) in die Hauptstraße treffen wir auf den Wied-Radweg (www.westerwald.info) (zum Wied-Radweg siehe auch Tour 6), dem wir flussaufwärts folgen.

P4
21 km
1ʰ 45ᵐⁱⁿ

Am Ortsende von Oberingelbach wechseln wir die Wiedseite und können uns auf eine vielseitige Streckenpassage freuen. Wir fahren abwechselnd auf Teer, Schotter und Waldboden durch saftige Wiesenflächen, Wälder und ausgedehnte Feldlandschaften. Auf Schleichwegen passieren wir die Ortschaft Borod und wechseln in Winkelbach in einem scharfen Wegknick auf die K 10. Nach dem Landcafé Krambergsmühle folgt ein trailartiger Abschnitt im Flusstal, bevor wir Höchstenbach streifen und die B 413 überqueren.

Die Ortschaft Wied bildet das Entree zum Naturschutzgebiet Oberes Wiedtal. Im Rahmen von Renaturierungsmaßnahmen wurde der dichte Fichtenbestand entfernt, sodass Feuchtwiesen, Auwald, kleine Bachläufe und Tümpel das Landschaftsbild prägen. Mehrere Rastplätze laden zum Verweilen und Genießen ein. Entlang der jungen und noch schmalen Wied fahren wir hinauf nach Steinebach. Im Ort lohnt sich ein Abstecher über die Hachenburger Straße und Burgstraße zur Burgruine Steinebach (P5). Von der kleinen, ehemaligen Wasserburg ist zwar nur das Eingangstor erhalten. Doch der steinerne Torbogen auf der sattgrünen Wiese mit dem Wassergraben außen herum, bietet eine herrliche Kulisse. Zurück auf dem Wied-Radweg radeln wir über Schmidthahn durch ausgedehnte Wiesenhochflächen zum Dreifelder Weiher.

Der Dreifelder Weiher ist der größte von sieben Stauweihern im Quellgebiet von Wied, Holzbach und Saynbach, die zusammen die Westerwälder Seenplatte bilden (siehe auch Tour 9). In ihrer heutigen Form wurden die Weiher von Graf Friedrich III. zu Wied in der zweiten Hälfte des 17. Jahrhunderts zur Fischzucht angelegt. Die Weiher sind flach und deshalb nur bedingt zum Baden geeignet. Mit ihren Flachwasserzonen und Sumpfflächen ist die Westerwälder Seenplatte Lebensraum vieler geschützter Tier- und Pflanzenarten.

Blick auf Hartenfels.

An der Straßenabzweigung von K 1 und K 2 am nördlichen Seeufer bzw. im 200 Meter entfernten Haus am See (P6) (www.hausamsee-dreifelderweiher.com) können wir zwischen kurzer und langer Streckenvariante wählen.

P6
38,0 km
3ʰ 10ᵐⁱⁿ

> *Die Kurzstrecke führt von der Straßenabzweigung entlang des Westufers nach Dreifelden zum Gasthof Zum Seeweiher (P8). Leider haben wir von der Kreisstraße keinen guten Blick auf den Dreifelder Weiher.*

Variante kurz

Die Langstrecke fährt man besser mit GPS-Gerät, da nicht alle Streckenabschnitte als Radweg beschildert sind. Vom Haus am See pedalieren wir auf der K 1 nach Seeburg, wo wir dem Sieben-Weiher-Wanderweg folgen und nach Hartenfels abbiegen. Der Wanderweg quert in einem ausgedehnten Waldgebiet die B 8 und trifft am Waldrand auf den Saynbach-Radweg (www.westerwald.info), der den steilen Abhang nach Hartenfels hinunterführt.

Spektakulär thront der Turm der Ruine Hartenfels – im Volksmund Schmanddippe (P7) genannt – über dem Ort. In Hartenfels zweigt ein Fußweg von der Hauptstraße zum Bergfried ab.

P7
43,0 km
3ʰ 35ᵐⁱⁿ

Wiedzufluss am Dreifelder Weiher.

Der Name Schmanddippe beruht auf der Ähnlichkeit des Bergfrieds mit einem Rahmtopf. Dippe bezeichnet in der Westerwälder Mundart dabei einen hohen, schmalen Keramik-Topf. Burg Hartenfels wurde 1249 erstmals erwähnt und war eine der markantesten Burganlagen im Westerwald. Die Burg diente dem Schutz der historischen Handelsstraße Köln–Frankfurt.

Hartenfels ist auch durch die Firma Huf-Haus bekannt. Die Musterschau des Herstellers moderner Fachwerkhäuser, das Huf-Dorf, ist nicht nur für Hausbauer interessant. Auf dem Radweg mühen wir uns anschließend zur Abzweigung zurück und queren in Steinen die B 8. Beim Waldspielplatz verlassen wir den Saynbach-Radweg und folgen der K 1 und L 303 nach Dreifelden. Dort sollte man sich den Abstecher zur Weiherbrücke nicht entgehen lassen und den famosen Blick auf den Dreifelder Weiher genießen. Anschließend bietet sich der Gasthof Zum Seeweiher (P8) (www.zum-seeweiher.de) für eine Verschnaufpause an. Direkt gegenüber blicken wir auf eine der ältesten erhaltenen Steinkirchen des Westerwaldes mit ihrem quadratischen Chorturm.

P8 49.6 km 4h 10min

Ab Dreifelden folgen wir dem Wied-Radweg auf der kerzengeraden, von einer Baumreihe gesäumten L 303 nach Linden. Am Ortsausgang führt ein Schlenker zur Wiedquelle. Zurück auf der L 303 verlassen wir den Wied-Radweg und orientieren uns bis Hachenburg am Radweg Hachenburger Westerwald. Ein Hingucker ist der rosa Cadillac, der am Ortseingang von Lochum ein Firmendach ziert. In Lochum müssen wir in der Abfahrt auf Höhe des Gasthofs Dorfschänke links abbiegen.

Blick vom Gräbersbergturm.

Achtung, die Abzweigung übersieht man gerne! Auf der alten Poststraße erwartet uns der Schlussanstieg über Hochwiesenflächen zum Gräbersbergturm (P9), wo wir den höchsten Punkt unserer Tour auf 513 Metern erreichen. Der Spannbetonturm ist kein optischer Augenschmaus, dafür ist die Rundumsicht von oben grandios. Mit etwas Glück erkennen wir die Spitzen des Kölner Doms, die Hohe Acht in der Eifel und den Feldberg im Taunus.

P9
55.0 km
4ʰ 35ᵐⁱⁿ

Direkt neben dem Aussichtsturm lädt Jöckel's Alpenröder Hütte zur Einkehr ein. Da die Hüttenzufahrt für Autos und Motorräder freigegeben ist, müssen wir auf der Abfahrt nach Alpenrod gut aufpassen. Auf halber Strecke bietet sich ein Abstecher (Ausschilderung Wasser-Erlebnis-Pfad) zur Tongrube Böhmsfund an, deren Gewässer uns mit türkisblauer Wasserfarbe beeindruckt. Auf den letzten Kilometern führt uns der Radweg durch Alpenrod und den Hachenburger Stadtwald zum Landschaftsmuseum Westerwald (www.landschaftsmuseum-westerwald.de). In mehreren historischen Gebäuden wie Backhaus, Ölmühle und Dorfschule sind Kulturgeschichte und Vergangenheit des Westerwaldes vom 18. bis zum 20. Jahrhundert erlebbar. Durch den Burggarten nähern wir uns Schloss Hachenburg (P10).

P10
63.6 km
5ʰ 20ᵐⁱⁿ

Gräbersbergturm.

Leider müssen wir uns bei dem Wahrzeichen der Stadt mit einem neugierigen Blick durch das Eingangstor begnügen. Im Schloss ist die Hochschule der Deutschen Bundesbank untergebracht. Im 18. Jahrhundert wurde die mittelalterliche Burg in ein feudales Barockschloss umgebaut und diente bis 1799 als Stadtresidenz der Grafen von Sayn.

Tongrube Böhmsfund.

Vom Schloss rollen wir hinunter ins Zentrum, zum Alten Markt, wo der goldene Saynsche Löwe mit gefletschten Zähnen auf dem Marktbrunnen wacht. Um den Marktplatz gruppieren sich prächtig restaurierte Fachwerkhäuser, und wir haben bei dem reichen gastronomischen Angebot die Qual der Wahl. Die Wäller Küche ist bodenständig, frisch, deftig und heimatverbunden. Wie wäre es zum Abschluss mit Dippekochen oder Klatschkäs? Gut gestärkt kehren wir anschließend zum Ausgangspunkt unserer Tour, dem Bahnhof Hachenburg (P1), zurück.

Ziel
64,5 km
5ʰ 25ᵐⁱⁿ

Alter Markt Hachenburg.

„Medizin" aus dem Westerwald.

In Hachenburg.

Saynscher Löwe.

Fazit

Eine wunderschöne, aber anstrengende Tour, die uns den Charme und Facettenreichtum des Hachenburger Westerwaldes zeigt, und ein Feuerwerk an Sehenswürdigkeiten und Panoramablicken bietet. Die Langstrecke führt zusätzlich zum Schmanddippe.

TourTipps

08 Westerwald

- Tourist-Info Hachenburger Westerwald, Perlengasse 2, 57627 Hachenburg
  02662/958339 www.hachenburg-vg.de und www.hachenburger-westerwald.de

- Brustolon Eiscafé, Wilhelmstr. 14 und Terrasse Alter Markt 14, 57627 Hachenburg
  02662/949630
- Cadillac-Café, Zur Tiefenbach 6, 57627 Hachenburg
  02662/9482530
- Haus am See Dreifelder Weiher, Seeburger Straße 1, 57629 Steinebach
  02662/7147 www.hausamsee-dreifelderweiher.com
- Hotel favolosa, Am Kirchplatz 12, 57642 Alpenrod
  02662/9487460 www.favolosa-alpenrod.de
- Jöckel's Alpenröder Hütte, Auf dem Gräbersberg, 57642 Alpenrod
  02662/943754 www.alpenroder-huette.de
- Krambergsmühle, Krambergsmühle 1, 57644 Winkelbach
  02680/4389044 www.krambergsmuehle.de
- Marienstatter Brauhaus, 57629 Marienstatt
  02662/9535-300 www.abtei-marienstatt.de
- Westerwald-Brauerei, Am Hopfengarten 1, 57627 Hachenburg
  02662/808-0 www.hachenburger.de
- Wilhelmsteg Café & Biergarten, Wilhelmsteg 1, 57627 Henzert
  0151/62471386 www.wilhelmsteg.de
- Zum Seeweiher, Kirchstraße 2, 57629 Dreifelden
  02666/643 www.zumseeweiher.de
- Zum Weißen Roß, Alter Markt 7, 57627 Hachenburg
  02662/9478070 www.zum-weissen-ross.info
- Zur Krone, Alter Markt 3, 57627 Hachenburg
  02662/9479954 www.krone-hachenburg.de

- Fähnes Bike Shop, Hauptstraße 4, 57642 Alpenrod
  02662/4370 oder 0171/7447476 www.wende-schaefer.de

- Dreifelder Weiher, Seeburger Straße 1, 57629 Steinebach
  02662/7147 www.hausamsee-dreifelderweiher.com
- Löwenbad, Lohmühle, 57627 Hachenburg
  02662/6677 www.loewenbad-hachenburg.de

Tour Download: **BT3X815** (für GPS-Geräte)

Startpunkte finden mit scan to go®

09 Hoher Westerwald

Dieses Mal führt uns die Westerwaldschleife von Westerburg über den Wiesensee zur Fuchskaute. Nach Nisterberg verlassen wir den Radweg und fahren über Bad Marienberg nach Nistertal. Die Langstrecke bietet Abstecher zu weiteren Sehenswürdigkeiten. Mit der Bahn geht es retour.

Start: Bahnhof Westerburg, Bahnhofstraße 46, 56457 Westerburg
N 50° 33' 27.7" • E 7° 58' 02.9"

Anfahrt: A 3 Köln–Frankfurt bis Abfahrt 40 Montabaur, B 255 Beschilderung Westerburg bis Langenhahn folgen, im Kreisverkehr auf L 281/288 nach Westerburg abfahren oder A 45 Dortmund–Aschaffenburg bis Ausfahrt 26 Herborn-West, B 255 Richtung Koblenz/Montabaur bis Langenhahn folgen, weiter nach Westerburg, Ausschilderung Bahnhof folgen

Parkplatz: P&R am Bahnhof Westerburg

Zug: Westerwald-Sieg-Bahn RB 90 bis Bahnhof Westerburg
Rückfahrt mit der Westerwald-Sieg-Bahn RB 90 vom Bahnhof Enspel

▶ **Variante kurz**
56.6 km 4h 45min 899 ↑▲↓ 946
Rückfahrt mit der Westerwald-Sieg-Bahn RB 90 vom Bahnhof Nistertal.

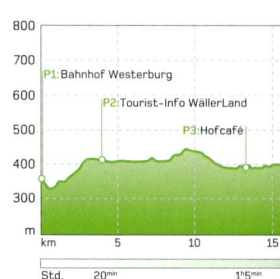

| 65.7 km | 5h 30min | 1068 ↑ ▲ 1050 ↓ | Anspruch |

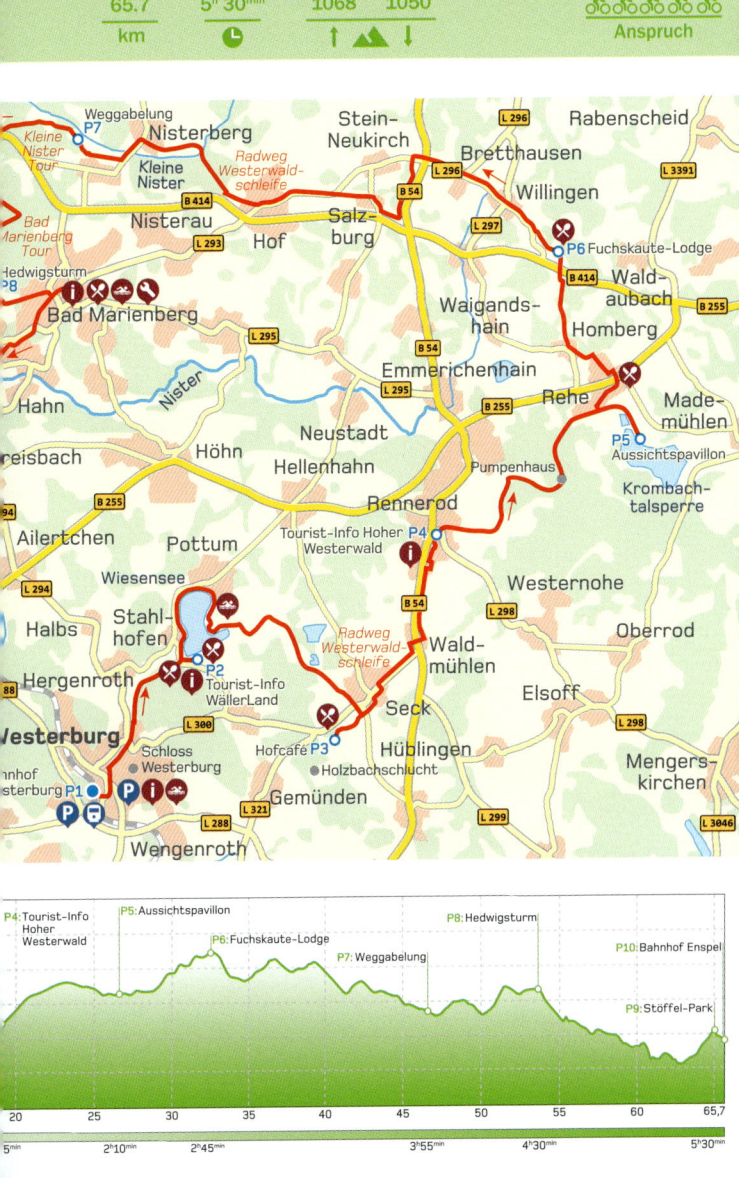

Wasser, Wiesen, Wälder

Westerwald 09

Stopp am Wiesensee.

Der Ausgangspunkt unserer Tour, der Bahnhof Westerburg (P1), liegt auf einer Anhöhe am Ortsrand von Westerburg (www.stadt-westerburg.de). Auf dem Radweg Westerwaldschleife (www.westerwald.info) rollen wir in die Altstadt hinunter und können den herrlichen Blick auf zwei Wahrzeichen der Stadt, das Westerburger Schloss und das Brückenviadukt der stillgelegten Westerwaldquerbahn (siehe auch Tour 10), genießen. Von der Altstadt geht es im Anstieg durch das idyllische Schafbachtal zum Ferien- und Freizeitgebiet am Wiesensee.

P1 Start

Am Südufer überqueren wir die K 52 und erreichen das Café Seewies (www.cafe-seewies.de) und die Tourist-Info WällerLand am Wiesensee (P2) (www.waellerland.de). Bei Sonnenschein verführt die Liegewiese am Seeufer zu einem längeren Aufenthalt. Der Wiesensee ist, wie die übrigen Seen der Westerwälder Seenplatte (siehe auch Tour 8), ein aufgestauter Weiher, der im 17. Jahrhundert von den Grafen zu Wied zum Fischfang angelegt wurde.

P2 4.0 km 20min

Unsere Tour bietet zwei Streckenoptionen. Während die Kurzstrecke ausgeschilderten Themenradwegen folgt, führt die lange Streckenvariante auf Abstechern zu weiteren Sehenswürdigkeiten. Da diese Abstecher nicht als Radweg ausgewiesen sind, empfiehlt sich der Gebrauch eines GPS-Geräts oder Navigations-App.

Die kurze Streckenvariante folgt dem Radweg Westerwaldschleife von der Tourist-Info auf der Südseite des Sees zum Lindner Hotel und Sporting Club (www.lindner.de). Von dort radeln wir in Richtung Secker Weiher.

Variante kurz

Schloss Westerburg.

Viadukt der Westerwaldbahn.

Auf der Langstrecke umrunden wir den Wiesensee nahezu komplett. Der Weg verläuft entlang des Seeufers und bietet herrliche Rast- und Picknickplätze. Zurück auf dem Radweg Westerwaldschleife streifen wir die beiden Secker Weiher und überqueren die L 300. Der nächste Abstecher führt uns vom Ortsrand des Dorfes Seck zum Hofcafé (P3) (www.hofgut-dapprich.de) in Dapprich. Das Café liegt am nördlichen

P3 13.2 km 1h 05min

Freizeitidyll Wiesensee.

„Eingang" zur Holzbachschlucht, die zu den Hauptsehenswürdigkeiten des Westerwaldes zählt. Der Holzbach bildet auf einem Kilometer Länge ein wildromantisches Durchbruchstal mit zum Teil steil aufragenden Felswänden. Auf einem drei Kilometer langen Rundwanderweg, für den wir ca. 45 Minuten benötigen, können wir die naturbelassene Landschaft erkunden. Die Fahrräder lässt man während der Wanderung am Hof-Café zurück.

P4
19,2 km
1ʰ 35ᵐⁱⁿ

Der Radweg Westerwaldschleife begleitet danach die L 300 und B 54 von Seck über Waldmühlen nach Rennerod. Im Ortszentrum kommen wir an der Tourist-Info Hoher Westerwald (P4) (www.rennerod.de) vorbei und sollten kräftig durchschnaufen, da der Hohe Westerwald im weiteren Streckenverlauf seinem Namen alle Ehre macht. Wir fahren in östlicher Richtung aus Rennerod heraus und müssen im Anstieg kräftig in die Pedale treten. Nach der Siedlung Kohlau erreichen wir die Trasse der ehemaligen Westerwaldquerbahn zwischen Rennerod und Rehe. Der Bahntrassenradweg verläuft entlang des Bundeswehr-Standortübungsplatzes Rennerod. Am Wegrand warnen Hinweisschilder vor dem Betreten des militärischen Sicherheitsbereiches.

Die Strophe des Westerwaldliedes „In dem schönen Westerwald, ja da pfeift der Wind so kalt" deutet an, dass der Hohe Westerwald von einem rauen Klima geprägt ist. Bei Sonnenschein ist die Fahrt über die weiten, offenen Hochflächen ein Genuss – bei Sturm und Regen wird das Ganze zum zweifelhaften Vergnügen. Man sollte die Tour deshalb an einem Schönwettertag fahren.

Auf der nächsten Hangkuppe bietet ein Pumpenhaus, das 50 Meter vom Radweg entfernt ist, die willkommene Gelegen-

Windpark bei der Fuchskaute.

Auf dem Radweg Westerwaldschleife.

heit sich zu erfrischen und die Fahrradflaschen zu füllen. Vor der Ortschaft Rehe sollten wir uns den Abstecher zur Krombachtalsperre nicht entgehen lassen. Dazu folgen wir dem Bahntrassenweg von der Abzweigung nach Rehe 1,3 Kilometer bis zum Aussichtspavillon (P5) des Naturschutzbundes Rennerod. Der Unterstand am Rand des Schilfgürtels bietet mit dem herrlichen Blick auf den Stausee Naturgenuss pur.

P5
26,4 km
2ʰ10ᵐⁱⁿ

Von der Krombachtalsperre kehren wir auf den Radweg Westerwaldschleife zurück und biegen nach Rehe ab. Im Ort bietet sich das urgemütliche Café Windlück (www.windlueck.de) zur Einkehr an. Anschließend queren wir die L 255 beim historischen Rathaus, einem prächtigen Fachwerkgebäude und beliebten Fotomotiv. Am Ortsrand weist ein Schild auf einen 100 Meter langen Anstieg auf grober Wegstrecke hin. Bis zur Fuchskaute führt der Radweg stetig bergauf, und E-Biker sind klar im Vorteil. Die offene Landschaft bietet uns immer wieder herrliche Fernblicke. In Homberg zweigt der Radweg rechts ab, und nach einem weiteren Anstieg strampeln wir an summenden Windrädern und grasendem Weidevieh vorbei über die Hochfläche. Nach Querung der B 414 ist es geschafft. Wir haben das „Dach des Westerwaldes", die Fuchskaute-Lodge (P6) (www.fuchskaute-lodge.de), erreicht und können uns in der Gaststätte auf die verdiente Erfrischung freuen.

P6
32,5 km
2ʰ45ᵐⁱⁿ

Die Fuchskaute ist mit 657 Metern die höchste Erhebung des Westerwaldes. Man darf sich die Basaltkuppe des erloschenen Vulkans jedoch nicht als markanten Berg mit Gipfelkreuz vorstellen – es handelt sich vielmehr um eine sanfte Erhebung auf dem welligen Hochplateau. Den Blick dominieren die Windräder des größten Windparks von Rheinland-Pfalz.

Auf die Fuchskaute folgt die steile Abfahrt nach Willingen. Entgegen der Radwegausschilderung empfehle ich von Willingen bis Bretthausen auf der K 37 zu bleiben. Der Streckenabschnitt auf der viel befahrenen Straße setzt sich mit dem Anstieg nach Neukirch fort. Am Ortsrand passieren wir die B 54 und biegen zum Salzburger Kopf ab, dessen Gipfel das quadratische, rot-weiße Gestänge einer Sendeanlage ziert. Bei Schnee verspricht ein Lift Alpinskivergnügen, und für Langläufer werden Loipen gespurt. Entlang der B 54 und B 414 erreichen wir Salzburg (im Westerwald!). Auf der Hochfläche geht es anschließend über Hof nach Nisterberg.

Nach dem Ort rollen wir auf der K 31 den Berg hinab und schwenken nach rechts ins Tal der Kleinen Nister. Beim idyllisch, inmitten einer Wiesenlandschaft, gelegenen Lautzenbrücker Angelweiher treffen wir auf eine Weggabelung (P7) und verabschieden uns vom Radweg Westerwaldschleife. Bis Bad Marienberg folgen wir der Ausschilderung von zwei lokalen Radwegen. Zunächst halten wir uns an die Kleine Nister Tour und passieren Hohensayn. In Kirburg wechseln wir auf die Bad Marienberg Tour und queren vorsichtig die B 414. Ein geschotterter Waldweg führt uns durch ein ausgedehntes Waldgebiet. Nach einem heftigen Anstieg zweigt der Radweg unterhalb des Großen Wolfsteins nach rechts zum Wildpark Bad Marienberg ab (www.wildpark-badmarienberg.de).

Die Anhöhe oberhalb des Kurortes Bad Marienberg (www.bad-marienberg.de) ist ein beliebtes Ausflugsziel. In der Steig-Alm (www.steig-alm.de) oder dem 4-Sterne-

Lautzenbrücker Angelweiher.

Hedwigsturm.

Wildpark-Hotel (www.wildpark-hotel.de) mit 360 Grad Drehrestaurant können wir uns stärken. Einen Höhepunkt bietet der Panoramablick vom **Hedwigsturm (P8)**. Die Aussichtsplattform befindet sich auf einer Höhe von 550 Metern. Bei guter Sicht reicht der Blick bis zu Eifel, Taunus und Siebengebirge. Auf der schnurgeraden Westendstraße rollen wir danach ins Stadtzentrum hinunter, wo sich die Tourist-Info, der Kurpark, Gastronomie und Einzelhandelsgeschäfte befinden.

P8
53.8 km
4ʰ 30ᵐⁱⁿ

Wir folgen nun dem **Nister-Radweg** und verlassen Bad Marienberg auf der Bismarck- und Bahnhofstraße. Es geht am Edeka-Markt Osterkamp vorbei, und nach einem kurzen Anstieg erreichen wir eine ehemalige Bahntrasse. Nach angenehmer Fahrt entlang der Hangkante müssen wir bei der Steilabfahrt nach Nistertal nochmals ganz besonders aufpassen. Kennern edler Brände ist die Birkenhof-Erlebnis-Brennerei (www.birkenhof-brennerei.de) ein Begriff. Die Brennerei ist nur ein paar Meter vom Radweg entfernt und bietet sich in Nistertal für den nächsten Abstecher an.

*Die **kurze Streckenvariante** endet am Bahnhof Nistertal-Bad Marienberg, wo wir mit der Westerwald-Sieg-Bahn RB 90 (www.dreilaenderbahn.de) nach **Westerburg (P1)** zurückfahren können. Die Fahrradmitnahme ist kostenlos.*

Variante kurz

Die **Langstrecke** bietet zum Abschluss ein besonderes Highlight: den Stöffel-Park. Wir bleiben beim Abzweig zum Bahnhof Nistertal-Bad Marienberg auf der Brückenstraße und folgen der Ausschilderung über Büdingen nach Enspel zum **Stöffel-Park (P9)** (www.stoeffelpark.de).

P9
65.1 km
5ʰ 25ᵐⁱⁿ

Der Park hat seinen Namen vom Stöffel, einer einst 500 Meter hohen Basaltkuppe, an dem von 1902 bis Ende 2000 Basalt abgebaut wurde. Die Gebäude und Anlagen des Basaltabbaus wurden als industriegeschichtliches Denkmal erhalten. Der Wirrwarr von Hütten, Förderbändern und Silos erinnert an eine Wildwest-Kulisse. Erlebnisräume wie die historische Werkstatt lassen die Vergangenheit aufleben. Der Stöffel-Park ist zudem ein international bedeutender Fossilienfundort, in dem 25 Millionen Jahre Erdgeschichte lebendig werden. In den Ablagerungen des Maarsees ist die berühmte Stöffel-Maus gefunden worden. Sie und andere Fossilien werden im Tertiär-Museum präsentiert. Der Tertiär-, Industrie- und Erlebnispark Stöffel bietet zudem ein ganzjähriges Veranstaltungsprogramm.

Ziel 65.7 km 5ʰ30ᵐⁱⁿ

Vom Stöffel-Park geht es 650 Meter den Hang hinab zum **Bahnhof Enspel (P10)**. Die Westerwald-Sieg-Bahn RB 90 (www.dreilaenderbahn.de) bringt uns bei kostenfreier Fahrradmitnahme zurück nach Westerburg.

Stöffel-Park

Fazit

Eine faszinierende Tour, die jedoch gute Kondition voraussetzt. Um die Höhepunkte genießen zu können, sollte auch das Wetter mitspielen. Unterwegs lernen wir den Hohen Westerwald vom Wiesensee bis zur Fuchskaute in seiner ganzen Vielfalt kennen.

TourTipps

09 Westerwald

- Tourist-Info Bad Marienberg, Wilhelmstraße 10, 56470 Bad Marienberg
  02661/7031 www.bad-marienberg.de
- Tourist-Info Hoher Westerwald, Westernoher Straße 7a, 56477 Rennerod
  02664/9939093 www.rennerod.de
- Tourist-Info WällerLand am Wiesensee, Winner Ufer 9, 56459 Stahlhofen
  02663/291-494 www.waellerland.de
- Tourist-Info WällerLand „Alter Markt", Marktplatz 6, 56457 Westerburg
  02663/291-495 www.waellerland.de

- Birkenhof Brennerei, Auf dem Birkenhof, 57647 Nistertal
  02661/98204-0 www.birkenhof-brennerei.de
- Café Seewies, Winner Ufer 1-3, 56459 Stahlhofen
  02663/912856 www.cafe-seewies.de
- Café Windlück, Windlück 1, 56479 Rehe
  02664/990768 www.windlueck.de
- Fuchskaute Lodge, Fuchskaute 1, 56479 Willingen
  02667/96193-0 www.fuchskaute-lodge.de
- Hofcafé, Dappricher Hof, 56479 Seck
  02663/918720 www.hofgut-dapprich.de
- Lindner Hotel & Sporting Club Wiesensee, Am Wiesensee, 56457 Westerburg
  02663/99100 www.lindner.de
- Steig-Alm, Wildparkstraße 15, 56470 Bad Marienberg
  02661/5810 www.steig-alm.de
- Wildpark Hotel, Kurallee 2, 56470 Bad Marienberg
  02661/6220 www.wildpark-hotel.de

- Bockshop, Bahnhofstraße 7, 56470 Bad Marienberg
  02661/9175325 www.bockshop.com
- Ebener Zweiradsport, Talweg 2, 56479 Niederroßbach
  02664/997690 www.ebener-zweiradsport.de

- Liegewiese am Palzhahn, Seeweg, 56459 Pottum am Wiesensee
- MarienBad, Bismarckstraße 65, 56470 Bad Marienberg
  02661/1300 www.marienbad-info.de
- Westerwaldbad, Stadionstraße 4, 56457 Westerburg
  02663/8771 www.westerwaldbad.de

Tour Download: **BT3X915** (für GPS-Geräte)

Startpunkte finden mit scan*to*go®

NOCH MEHR WESTERWALD?

E-Bike & Bike Band 6: Auf 16 neuen Rundtouren durch den Westerwald für nur 16,80 € ISBN: 978-3-942779-42-5

ıdeemedia*shop*.de

Notizen

Per Fahrrad durch die Zeit
www.stoeffelpark.de

STÖFFEL PARK
TERTIÄR INDUSTRIE ERLEBNIS

FERIENLAND HOHER WESTERWALD

Rad. Wander. Land.

...ganz nach Deiner Natur!

Tourist-Information "Hoher Westerwald"
Westernoher Str. 7a - 56477 Rennerod
Tel.: 0 26 64 / 99 39 09 3
www.hoher-westerwald-info.de

Auf dem Rad eine schöne Landschaft entdecken ...

Ausführliche Infos und Leihfahrräder erhalten Sie hier.

WällerLand

Tourist-Information
WällerLand am Wiesensee (TiWi)

Winner Ufer 9
56459 Stahlhofen am Wiesensee

Telefon +49 (0) 02663 291-494
Telefax +49 (0) 02663 9680438
info@waellerland.de

www.waellerland.de

10 Hessischer Westerwald

Die Rundtour führt uns im Dilltal von Herborn nach Burg, wo wir auf den Hessischen Radfernweg R 8 wechseln. Auf der ehemaligen Bahntrasse der Westerwaldquerbahn fahren wir hinauf zur Krombachtalsperre. Über Greifenstein geht es auf örtlichen Radwegen zurück ins Dilltal.

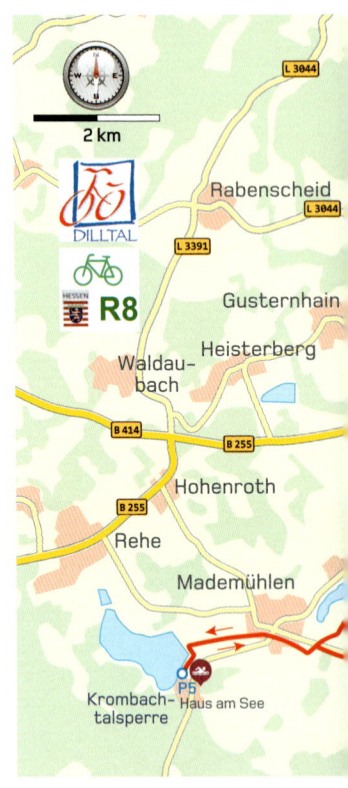

Start/Ziel: Bahnhof Herborn, Bahnhofsplatz 1, 35745 Herborn
N 50° 41' 04.0" • E 8° 18' 27.2"

Anfahrt: Autobahn A 45 Dortmund–Aschaffenburg bis Ausfahrt 27 Herborn-Süd, die Dill überqueren und B 277 nach Herborn folgen, nach Rittal GmbH links auf B 255 abbiegen und links auf Großparkplatz Schießplatz abbiegen, der Großparkplatz liegt 550 Meter südlich des Bahnhofs

Parkplatz: Großparkplatz Schießplatz, von dort geht es über die Dillbrücken am Nord- und Südende des Parkplatzes auf den Dilltal-Radweg.
N 50° 40' 44.9" • E 8° 18' 28.1"

Zug: Mittelhessen-Express RB 40 und Main-Weser-Bahn RB 99 bis Bahnhof Herborn

49.1 km	4ʰ 05min	725	Anspruch

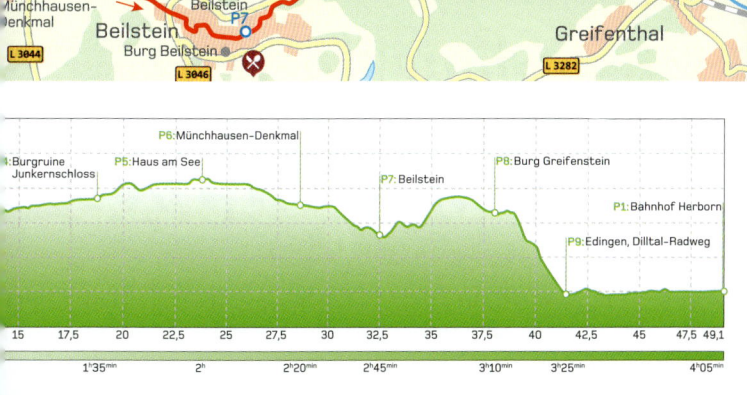

Westerwald 10

Sagenhafte Höhepunkte

Burg Greifenstein.

Die Tour durch den Hessischen Westerwald startet im Dilltal am **Bahnhof Herborn (P1)**, wo sich auch die Tourist-Info (www.herborn-erleben.de) befindet. Auf der Bahnhofstraße (Achtung: Die ersten 50 Meter müssen wir gegen die Einbahnstraße schieben!) geht es über die Dill zum Marktplatz mit dem Rathaus. Das imposante Gebäude ziert ein Fries mit den Wappen Herborner Bürgerfamilien sowie mit Zunft- und Handelszeichen.

P1 Start

Marktplatz Herborn.

Herborn wurde 1048 erstmals erwähnt. Es gilt als nassauisches Rothenburg und zählt zu den besterhaltenen mittelalterlichen Stadtanlagen Deutschlands. Die malerische Fachwerkstadt glänzt mit Baudenkmälern aus 8 Jahrhunderten. Die lebendige Fußgängerzone lädt mit vielen kleinen Läden, mit ihren Restaurants, Bistros, Cafés und Eisdielen sowie dem Korn- und Holzmarkt zum Bummeln ein. Oberhalb der historischen Altstadt erhebt sich Schloss Herborn, das heute das Theologische Seminar der evangelischen Kirche Hessen-Nassau beherbergt.

Wir verlassen den Marktplatz in nördlicher Richtung und kommen zum Kreisverkehr am Rand der Altstadt. Wegen der extremen Steigung kann man den Abstecher zum Aussichtsturm Dillblick an der A 45 (im Kreisverkehr der Ausschilderung Wildgehege/Dillblick folgen) mit gutem Gewissen nur E-Bikern empfehlen. Weiter geht es auf dem **Dilltal-Radweg** (www.lahn-dill-bergland.de) entlang der Burger Landstraße in den **Stadtteil Burg (P2)**. Dort treffen wir in einem weiteren Kreisverkehr auf den **Hessischen Radfernweg R 8** (www.hessen-tourismus.de), der uns aus dem Dilltal in das idyllische Ambachtal führt.

P2 2.0 km 10 min

Wir fahren unter der mächtigen Autobahnbrücke der Sauerlandlinie A 45 hindurch und streifen den Ort Uckersdorf. Vogelliebhabern sei der Besuch des knapp 700 Meter entfernten (jedoch am Hang gelegenen) Vogel- und Naturschutz-Tierparks Herborn (www.vogelpark-herborn.de) empfohlen, in dem über 90 verschiedene Tierarten leben. Der **Hessische Radfernweg R 8** führt uns entlang der K 61 und K 68 über Amdorf in den schmucken Ort **Schönbach (P3)**. Nach einem steilen Streckenabschnitt durch das Dorf zweigt der Radweg nach links auf die ehemalige Bahntrasse der Westerwaldquerbahn (siehe auch Tour 9) ab.

P3 10.2 km 50 min

Dank des Bahntrassenradweges geht es gemächlich bergauf, sodass wir den Anstieg gut bewältigen können.

Nach einer weiten Schleife durch das ausgedehnte Waldgebiet öffnet sich das Grün des Westerwaldes und bietet uns einen prächtigen Blick hinab ins Dilltal und über die Höhenzüge des Lahn-Dill-Berglandes. Als besonders markante Landmarke ist der Wasserturm, das sogenannte Wasserschloss, auf dem Katzenstein bei Merkenbach zu erkennen. Auf der landschaftlich reizvollen Strecke kommen wir am Bahnhof Roth vorbei und erreichen nach einer kleinen Talsperre Driedorf (www.driedorf.de). Wer sich stärken möchte, kann am Parkplatz vor der Gemeindeverwaltung zur am Hang gelegenen Wäller-Hütte abbiegen. Für eine Verschnaufpause bietet sich die im Ortszentrum gelegene Burgruine Junkernschloss (P4) an.

P4 18,7 km 1h 35min

Anschließend führt der Radweg oberhalb der Driedorfer Talsperre entlang und quert die K 85. Hier beginnt der 2,8 Kilometer lange Abstecher zur Krombachtalsperre. Am Ortsrand von Mademühlen verlassen wir den Hessischen Radfernweg R 8, der nach links in Richtung Mengerskirchen abzweigt. Wir radeln geradeaus in Richtung Talsperre weiter und biegen vor dem Staudamm an einer Weggabelung links ab. Vom Südende der Staumauer geht es am Segelclubgelände vorbei zum Haus am See (P5), wo wir uns eine Verschnaufpause verdient haben. Zum Entspannen und zu einer Abkühlung lädt auch der Campingplatz an der Krombachtalsperre (www.camping-krombachtalsperre.de) mit Liegewiese und Bademöglichkeit ein.

P5 23,8 km 2h

In Münchhausen.

Im Glockenmuseum.

Der höchste Punkt der Strecke ist zugleich die Wendemarke. Wir rollen von der Krombachtalsperre auf der Route des Hinweges bis zur Straßenkreuzung oberhalb des Driedorfer Stauweihers zurück. Die folgende Streckenpassage über Greifenstein ins Dilltal ist zwar als Radweg, jedoch nicht als spezielle Themenroute ausgeschildert. Zur sicheren Orientierung sei ein GPS-Gerät empfohlen. Wir folgen der Kreisstraße ca. einen Kilometer und biegen dann rechts nach Münchhausen ab. Im Ort zeigt ein Münchhausen-Denkmal (P6) den Lügenbaron beim Ritt auf der Kanonenkugel. Die Münchhausen-Geschichten beziehen sich auf Hieronymus Carl Freiherr von Münchhausen, der jedoch nicht aus Münchhausen im Westerwald, sondern aus Bodenwerder im Weserbergland stammt.

P6
28.3 km
2ʰ 20ᵐⁱⁿ

Über freie Feld- und Wiesenflächen geht es anschließend in flotter Fahrt hinunter nach Beilstein (P7). Der folgende Streckenabschnitt hat es in sich. Auf einer steil ansteigenden Wegpassage führt der Radweg durch ein Wohngebiet aus Beilstein heraus. Auf Schotteruntergrund müssen wir anschließend kräftig in die Pedale treten und erreichen nach einer steilen Rampe die Endseiferwies an der K 88.

P7
32.5 km
2ʰ 45ᵐⁱⁿ

Nach kurzer Fahrt auf der Kreisstraße zweigt der Radweg wieder in den Wald ab, wir kommen an Hindstein und Hammelscheck vorbei und verlassen oberhalb von Greifenstein (www.greifenstein.de) den Nadelwald. Der Blick auf die markante Silhouette der Burg Greifenstein (P8) (www.burg-greifenstein.net) mit ihren imposanten Doppeltürmen lässt uns die Mühe des Anstiegs vergessen. Wir rollen nach Greifenstein hinunter und sollten uns den Besuch der Burgruine nicht entgehen lassen.

P8
38.0 km
3ʰ 10ᵐⁱⁿ

Burg Greifenstein thront in spektakulärer Lage auf einem 425 Meter hohen Basaltfelsen. Das Wahrzeichen der Region bietet vom Burghof und den Doppeltürmen, die man über eine Wendeltreppe besteigen kann, eine grandiose Aussicht. Eine Besonderheit der Burg ist ihre Glockenwelt. Das Glockenmuseum ist im Geschützturm der Festung untergebracht und besteht nicht nur aus einer Sammlung von über 100 Glocken. Der Besucher kann selbst Glocken schlagen, deren Klänge vergleichen und sogar Klangwellenbilder an der Gewölbedecke bestaunen. Ein außergewöhnliches Museum, das zum Hören, Sehen und Anfassen einlädt.

Für eine Verpflegungspause stehen in Greifenstein mehrere Gaststätten zur Wahl. Der Straßenname Dillblick verrät, was wir außer Speisen und Getränken in Gitti's Berghütte und im Restaurant Zur Schönen Aussicht erwarten können. Mit tollen Eindrücken aus Greifenstein im Gepäck stürzen wir uns in die Abfahrt hinab ins Dilltal. Aber Vorsicht! Die K 386 ist viel befahren, richtig steil und man muss gut aufpassen. Nach dem Bremsentest auf der Abfahrtsstrecke treffen wir in **Edingen (P9)** auf den **Dilltal-Radweg**, dem wir flussaufwärts folgen.

P9
41,4 km
3ʰ 25min

Vor Wilhelmswalze kreuzen wir die A 45 und fahren anschließend entspannt durch die Dillaue nach Herborn. In der lebendigen Altstadt garantiert die reiche Auswahl an Restaurants, Bistros und Cafés einen gemütlichen Tourenausklang, bevor unsere Strecke am **Bahnhof Herborn (P1)** endet.

Ziel
49,1 km
4ʰ 05min

Im Sommerhalbjahr verkehrt die „Blaue Linie" (www.rmv.de), ein Bus mit Fahrradanhänger, an Wochenenden und Feiertagen auf der Strecke von Herborn zur Krombachtalsperre. Nach der Busfahrt kann man alternativ an der Krombachtalsperre in die Tour einsteigen oder ganz entspannt auf der ehemaligen Bahntrasse nach Schönbach und Herborn zurückkradeln.

Fachwerk in Herborn.

 Fazit

Die Tour verbindet drei Highlights des Hessischen Westerwaldes: die Fachwerkstadt Herborn, die Krombachtalsperre und Burg Greifenstein. Der Anstieg auf die Westerwaldhöhe ist angenehm zu fahren. Anspruchsvoll ist die Strecke Beilstein–Greifenstein.

Tour Tipps

10 Westerwald

- Tourist-Info Driedorf, Wilhelmstraße 16, 35759 Driedorf
  02775/95420 www.driedorf.de
- Tourist-Info Herborn, Bahnhofsplatz 1, 35745 Herborn
  02772/7081900 www.herborn-erleben.de

- Bistro Franz Ferdinand, Hauptstraße 21–23, 35745 Herborn
  02772/576263 www.franz-ferinand.eu
- Café la momenta, Bahnhofstraße 29, 35745 Herborn
  02772/40100 www.lamomenta.de
- Café Zeitlos, Hauptstraße 74a, 35745 Herborn
  02772/5738688 www.zeitlos-herborn.de
- Gitti's Berghütte, Dillblick 34, 35753 Greifenstein
  06449/719357 www.gittis-berghuette.de
- Haus am See, An der Krombachtalsperre 2, 35759 Driedorf-Mademühlen
- Hohe Schule, Schulhofstraße 3-5, 35745 Herborn
  02772/92790 www.hohe-schule.de
- Landhaus Hui Wäller, Schloßstraße 7, 35753 Greifenstein-Beilstein
  02779/510055-0 www.landhaus-hui-waeller.de
  etwas abseits der Route am Ulmtal-Radweg in Beilstein
- Marktcafé Herborn, Marktplatz 6+7, 35745 Herborn 02772/41882
  www.marktcafe-herborn.de
- Wäller Hütte, Zur Hassel 24, 35759 Driedorf
  02775/577709 www.waeller-huette-driedorf.de
- Zur Schönen Aussicht, Dillblick 5, 35753 Greifenstein
  06449/428 www.restaurant-zur-schoenen-aussicht.de

- Schneider Sports, Konrad-Adenauer-Straße 64, 35745 Herborn
  02772/57280 www.schneider-sports.de

- Freibad Herborn, Friedrich-Birkendahl-Straße 49, 35745 Herborn
  02772/5814360 www.herborner-baeder.de
- Liegewiese auf dem Campingplatz Krombachtalsperre, An der Krombachtalsperre, 35759 Driedorf 02775/300 www.camping-krombachtalsparre.de
- Freibad Schönbach, Auf dem Bruch, 35745 Herborn-Schönbach
  02777/811397 www.herborner-baeder.de

Tour Download: **BT31X15** (für GPS-Geräte)

Startpunkte finden mit scan to go®

11 Kannenbäckerland

Die Tour führt vom Rheintal ins Kannenbäckerland. Die Langstrecke bietet mit Abstechern zur Burgruine Grenzau und auf den Köppel eine sportliche Herausforderung. Der Streckenverlauf orientiert sich am Limes-Radweg, nutzt aber auch lokale Rad- und Wanderwege.

Start/Ziel: Parkplatz Sayner Hütte, Althansweg, 56170 Bendorf-Sayn
N 50° 26' 29.0" • E 7° 34' 47.4"

Anfahrt: Autobahn A 48 Montabaur–Trier bis Ausfahrt 11 Bendorf/Neuwied, B 42 Richtung Neuwied folgen bis Abfahrt Bendorf/Sayn/Dierdorf, durch mehrere Kreisverkehre auf die B 413 Richtung Sayn/Dierdorf, von der B 413 nach dem Schlosspark Sayn rechts zum Parkplatz Sayner Hütte abbiegen

Parkplatz: siehe Start/Ziel

Zug: Rhein-Erft-Express RE 8 bis Bahnhof Vallendar, Rheinstraße 89, 56179 Vallendar und nach P10 auf dem Rhein-Radweg in Richtung Bendorf in die Tour einsteigen

▶ **Variante kurz**
35.8 km ● 3ʰ ▲ 650

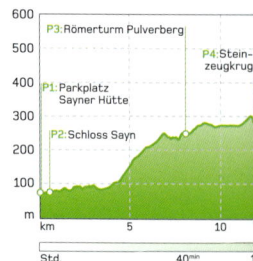

55 km	4h 35min	1152		Anspruch

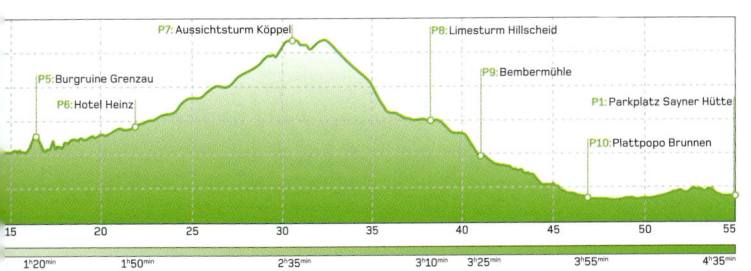

Westerwald

11

Das weiße Gold

Schloss Sayn.

Die Tour beginnt am **Parkplatz Sayner Hütte (P1)**. Das Industriedenkmal (www.saynerhuette.org) zeugt von der bewegten Geschichte der Eisenverhüttung im Saynbachtal, als hier Rohre, Schienen, Kanonen, Munition und Gebrauchseisen aller Art gefertigt wurden. Auf der B 414 geht es an der ehemaligen Eisenwarenfabrik d'Ester vorbei, bis wir bei der Sayner Scheune (www.sayner-scheune.de) in den Schlosspark abbiegen. Auf dem Weg zum Schloss passieren wir die Hauptattraktion des Parks, den Garten der Schmetterlinge. Zwei Glaspavillons werden von Hunderten farbenprächtiger, tropischer Schmetterlinge bevölkert.

P1 Start

Es folgt **Schloss Sayn (P2)** (www.sayn.de und www.bendorf.de) mit der Schlosskapelle, dem Rheinischen Eisenkunstguss-Museum, der Tourist-Info und dem Schlossrestaurant Sayner-Zeit. Das 1848 im neugotischen Stil erbaute Märchenschloss wird überragt von der Burg Sayn, dem früheren Stammsitz des Hauses Sayn-Wittgenstein. Wir setzen die Sightseeingrunde durch Sayn auf der Abteistraße fort und fahren unterhalb des Burgberges zur im Jahr 1202 von den Sayner Grafen gegründeten Abtei Sayn. Glanzstücke der Kirche sind der Simonsschrein und der farbig gestaltete, romanische Kreuzgang.

P2 0.5 km 5 min.

Bei Hein's Mühle überqueren wir anschließend den Brexbach und verlassen den historischen Ortskern. Unser Schleichweg nach Bendorf ist leider nicht als Radweg ausgeschildert. Auf dem Hellenpfad geht es den Hang hinauf und über die Brücke der stillgelegten Brexbachtalbahn. Die Straße knickt rechts ab und führt oberhalb der Bahnschienen durch ein Wohngebiet, bis wir im Links-rechts-Schwenk vom Hellenpfad in die Sayner Straße wechseln. Die Mühlenstraße führt uns anschließend den Hang hinauf ins Wenigerbachtal.

Abtei Sayn.

Kreuzgang der Abtei.

Wir kommen am Hotel Friends Mittelrhein sowie dem Bendorfer Brauhaus (www.hotelfriends.de) vorbei und arbeiten uns in dem engen Tal die steile Straße hinauf. Auf freier Fläche erreichen wir schließlich die Abzweigung zum Meisenhof (www.meisenhof.com), dem ehemaligen Fronhof der Abtei Sayn. Von der Traditionsgaststätte gelangen wir auf dem Saynsteig zum Römerturm auf dem Pulverberg (P3). Der Nachbau eines römischen Wachtturmes mit Wall und Palisaden ist Teil des Obergermanisch-Raetischen Limes (siehe auch Tour 5). Die Grenzbefestigung schützte das römische Imperium vor den barbarischen Germanen und führte über 550 Kilometer vom Rhein bis zur Donau. Vom Rastplatz am Römerturm können wir die herrliche Aussicht auf Sayn und das Rheintal genießen.

P3
8.1 km
40min

Nachdem wir auf dem Saynsteig 150 Meter zurückgerollt sind, geht es auf Forstwegen sanft durch den Bendorfer Stadtwald bergauf. Wir treffen auf den Limes-Radweg (www.limesstrasse.de) und folgen dem Verlauf des historischen Grenzwalls zum Wanderparkplatz an der L 307, die nach Höhr-Grenzhausen führt. Am Straßenrand treffen wir auf einen riesigen, salzglasierten Steinzeugkrug (P4), der uns im Kannenbäckerland begrüßt.

P4
11.8 km
1h

Der Westerwald bietet die größten, zusammenhängenden Tonvorkommen Europas. Schon Kelten und Römer nutzten den Werkstoff, um daraus Gebrauchs- und Ziergegenstände zu fertigen. Aus dem Römischen stammt auch der Name Euler (lateinisch aula = Topf) für Töpfer. Der Siegeszug des Euler-Handwerks begann nach dem Dreißigjährigen Krieg. Wer aus

Römerturm Pulverberg.

Ton, dem „weißen" Gold des Westerwaldes, hochwertige Keramik brennen wollte, ging ins Kannenbäckerland. Es reicht von den Tonabbaugebieten bei Wirges, über das Zentrum der weiterverarbeitenden Industrie in Höhr-Grenzhausen und Ransbach-Baumbach bis Bendorf und Vallendar, wo die Keramik über den Rhein in alle Welt verschifft wurde.

Nach knapp einem Kilometer auf der L 307 erreichen wir die Unterführung der A 48, wo sich die **Kurz-** und **Langstrecke** trennen. An der Autobahnunterführung verlassen wir vorübergehend den Limes, der südlich von Höhr-Grenzhausen in Richtung Hillscheid verlief.

Im Kannenbäckerland.

Auf der Kurzstrecke folgen wir dem Limes-Radweg durch Höhr-Grenzhausen. Wer sich für Keramik interessiert, kommt auf dieser Route voll und ganz auf seine Kosten. Zunächst steuert der Radweg das Keramikmuseum (www.keramikmuseum.de) und die Tourist-Info (www.kannenbaeckerland.de) an. Das Museum zeigt die Entwicklung der Keramik in Handwerk, Design und Kunst. Höhr-Grenzhausen bietet als Zentrum des keramischen Kunsthandwerks eine reiche Künstlerszene. Am besten informiert man sich vorab über die Öffnungszeiten der Keramikwerkstätten (www.hoehr-grenzhausen.de).

(Variante kurz)

Die **Langstrecke** führt im Brexbachtal um Höhr-Grenzhausen herum. Wir biegen vor der Autobahnunterführung von der L 307 nach links auf einen Feldweg ab. Im Brexbachtal lugt schon der dreieckige Turm der Burgruine Grenzau aus dem Wald hervor. Wir zweigen auf der Hochfläche links ab und rollen über Ackerflächen zum

Vorbei an der Ostersmühle.

Burg Grenzau.

Waldrand. Nach einer Schutzhütte bietet sich eine Traumliege mit Blick auf die Burgruine für eine Verschnaufpause an. Es folgt eine Waldabfahrt am Hang des Mühlberges, bis unser Weg scharf rechts abknickt und wir den Talboden erreichen.

Im wildromantischen Brexbachtal treffen wir auf die Bahntrasse der 2004 stillgelegten Brexbachtalbahn. Enlang des dahinplätschernden Brexbaches geht es durch das enge Tal zur Ostersmühle. In Grenzau empfangen uns die lebensgroßen Keramikfiguren der Westerwälder Essensträgerin und der Gänseliesel. Hoch über dem Ort thront die **Burgruine Grenzau (P5)** auf einem markanten Felssporn.

**P5
16.4 km
1ʰ 20ᵐⁱⁿ**

Die Besonderheit der Burgruine ist ihr dreieckiger Bergfried. Die Burg Grenzau wurde im 11. Jahrhundert von Heinrich I. von Isenburg zur Sicherung der Furt über den Brexbach errichtet. Bis ins 16. Jahrhundert wurde die Burg zu einem herrschaftlichen Schloss mit vorgelagerter Geschützbastion ausgebaut. Nach ihrer Zerstörung im Dreißigjährigen Krieg verfiel Burg Grenzau zur Ruine.

Im Anschluss an den Abstecher zur Burgruine bietet sich ein Einkehrschwung im historischen Gasthaus Zur Burg Grenzau an. In Grenzau folgen die zur 800-Jahr-Feier des Ortes entstandene Skulptur Ritter Rost, das Hotel Zugbrücke Grenzau (www.zugbruecke.de) und der Tischtennis-Olympia-Stützpunkt. An der Einmündung der Brexbachstraße in die K 117 orientieren wir uns am Radweg nach Höhr-Grenzhausen/Vallendar und radeln am Hang des Brexbachtales unter der A 48 hindurch sanft ansteigend zum Ortsrand von Höhr-Grenzhausen. Dort folgt ein Kreisverkehr, den wir zum Gewerbegebiet in die Rudolf-Diesel-Straße verlassen.

Vor dem Lidl-Markt biegen wir links zum Tennisclub Rot-Weiß Höhr-Grenzhausen ab. Am Wegrand steht die alte Feldbahn der Firma Koy. Zurück im Brexbachtal, zweigen wir 850 Meter nach der Farbmühle scharf rechts ab, überqueren den Brexbach und erreichen am Ortsrand von Höhr-Grenzhausen das **Hotel Heinz (P6)** (www.hotel-heinz.de). Bei dem Wellnesshotel treffen wir auf die **Kurzstrecke**, die dem **Limes-Radweg** durch Höhr-Grenzhausen gefolgt ist. Parallel zur Ortsumgehungsstraße geht es zur Wegkreuzung an der Brücke über die L 310. Hier können wir erneut zwischen **Kurz-** und **Langstrecke** wählen.

**P6
21.7 km
1ʰ 50ᵐⁱⁿ**

> **Variante kurz**
>
> *Die Kurzstrecke bleibt dem Limes-Radweg bis zur Abzweigung zum Römerturm Hillscheid treu.*

Auf der Langstrecke drehen wir eine ausgedehnte Runde durch den Niederwesterwald zum Aussichtsturm auf dem Köppel. Wir biegen zur Waldgaststätte Flürchen (www.fluerchen.de) ab und fahren ein Stück auf dem Walderlebnispfad Höhr-Grenzhausen. Nun geht es stetig ansteigend auf dem lang gestreckten Höhenzug zur K 126. Nach 300 Metern entlang der Kreisstraße biegen wir rechts zum 540 Meter hohen Köppel ab. Köppel ist ein Wort aus dem Wäller Platt und bedeutet Hügel oder Berg. Den Berg zieren ein Aussichtsturm (P7) und die bewirtschaftete Köppel-Hütte (www.fluerchen.de). Der Betonturm ist keine Schönheit, aber die Aussicht darf man sich nicht entgehen lassen. Der Blick reicht vom Westerwald über das Siebengebirge, den Hunsrück und Taunus bis zur Hohen Acht in der Eifel.

P7 · 30.5 km · 2h 35min

Wer das weite Waldgebiet der Montabaurer Höhe aus der Ferne betrachtet, dem fällt neben dem Aussichtsturm auf dem Köppel der Fernmeldeturm ins Auge. Im Zickzack führt der Forstweg vom Köppel zu dem benachbarten Fernmeldeturm. Vom höchsten Punkt unserer Tour auf 540 Metern zischen wir auf einem kerzengeraden Asphaltband den steilen Hang hinunter. Die Abfahrt ist ein Belastungstest für die Bremsen. Bei den rekonstruierten Fundamenten eines Römerkastells unterbrechen wir die Abfahrt und sind zurück am Limes. Am Ortsrand von Hillscheid erreichen wir den Limes-Radweg, der uns zurück in Richtung Höhr-Grenzhausen führt.

Blick auf Höhr-Grenzhausen.

An der Abzweigung zum Limesturm Hillscheid treffen wir auf die **Kurzstrecke** und zweigen zum Turm ab. Ein paar Meter müssen wir dabei auf der L 310 zurücklegen. Im **Limesturm Hillscheid (P8)** befindet sich ein kleines Museum, das im Sommerhalbjahr am Wochenende geöffnet ist (Öffnungszeiten siehe www.hoehr-grenzhausen.de). Beim Limesturm verlassen wir den Grenzwall und treten die Rückfahrt ins Rheintal an.

P8
38.3 km
3ʰ 10ᵐⁱⁿ

Zurück am Kreisverkehr der L 310, folgen wir der Radwegausschilderung durch das Hillscheider Gewerbegebiet und über die freie Feld- und Ackerfläche zur **Bembermühle (P9)** im Feisternachtbachtal. Von dort fahren wir auf dem Talweg entlang des Feisternachtbaches nach Vallendar. Die letzten 2 Kilometer geht es auf der L 309 und L 308 vorbei am Kloster Schönstatt mit mehreren Einrichtungen der Schönstattbewegung.

P9
41.0 km
3ʰ 25ᵐⁱⁿ

In Vallendar kommen wir an mehreren schmucken Fachwerkhäusern vorbei. Der **Plattpopo Brunnen (P 10)**, der offenherzig die praktische Anwendung von Kneippkuren demonstriert, reizt zum Schmunzeln. Im Stadtzentrum passieren wir die Marienburg, ehemals das feudale Wohnhaus der Industriellenfamilie d'Ester, heute Sitz der Otto Beisheim School of Management. Natürlich bietet die Innenstadt von Vallendar auch gute Einkehrgelegenheiten wie Die Traube (www.dietraube-vallendar.de), das Café Thier (www.cafe-thier.de) oder das Ristorante Petrocelli (www.ristorante-petrocelli.de).

P10
46.9 km
3ʰ 55ᵐⁱⁿ

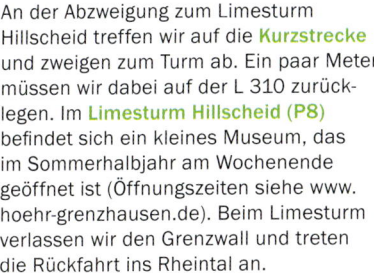

Aussichtsturm auf dem Köppel.

Ausrangierte Feldbahn.

Am besten wechselt man schon beim Kreisverkehr am Bahnhof von Vallendar die Straßenseite. Die Überquerung der

B 42 am Ortsende ist bei viel Verkehr nervig und gefährlich. Auf dem Rheinradweg (www.rheinradweg.eu) geht es entlang der B 42 nach Bendorf, wo wir in Richtung Stadtmitte/Zentrum abbiegen. Bei der evangelischen Kirche zweigen wir rechts ab, kommen am Marienhaus Klinikum vorbei und streifen den Kirchplatz. Ab der Abzweigung in die Sayner Straße befinden wir uns auf der Route des Hinweges. Nach einem Abstecher durch den Schlosspark sind wir zurück am Ausgangspunkt, dem Parkplatz Sayner Hütte (P1).

Ziel
55.0 km
4h 35min

Limesturm Hillscheid.

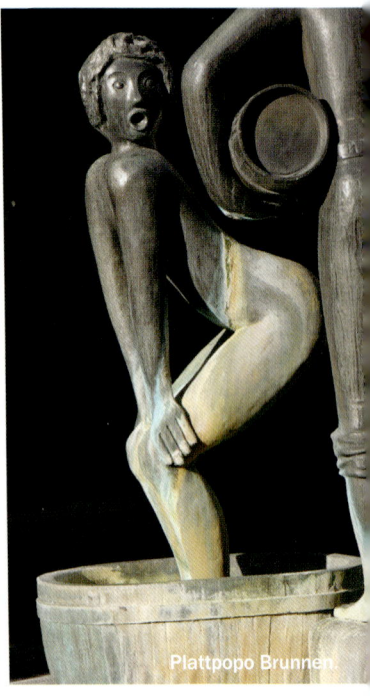

Plattpopo Brunnen.

Fazit

Die Tour für Entdecker verbindet Rheintal und Kannenbäckerland. Die Langstrecke ist wegen des Köppelanstiegs sportlich. Sie orientiert sich am Limes-Radweg, ist jedoch nicht durchgängig als Radweg ausgeschildert. Unbedingt ein GPS-Gerät/App nutzen!

TourTipps

11 Westerwald

- Tourist-Info Kannenbäckerland im Keramikmuseum, Lindenstraße 13, 56203 Höhr-Grenzhausen ⓢ 02624/19433 ⓦ www.kannenbaeckerland.de
- Tourist-Info im Schloss Sayn, Abteistraße 1, 56170 Bendorf-Sayn ⓢ 02622/902913 ⓦ www.bendorf.de
- Tourist-Info Vallendar, Rathausplatz 5, 56179 Vallendar ⓢ 0261/66757810 ⓦ www.vallendar-rhein.de

- Bendorfer Brauhaus, Im Wenigerbachtal 8-25, 56170 Bendorf ⓢ 02622/884400 ⓦ www.hotelfriends.de
- Café Thier, Heerstraße 51, 56179 Vallendar ⓢ 0261/60117 ⓦ www.cafe-thier.de
- Die Traube, Rathausplatz 12, 56179 Vallendar ⓢ 0261/61162 ⓦ www.dietraube-vallendar.de
- Flürchen, Bergstraße 78, 56203 Höhr-Grenzhausen ⓢ 02624/9529172 ⓦ www.fluerchen.de
- Hotel Heinz, Bergstraße 77, 56203 Höhr-Grenzhausen ⓢ 02624/9430-0 ⓦ www.hotel-heinz.de
- Hotel Zugbrücke Grenzau, Brexbachstraße 11-17, 56203 Höhr-Grenzhausen ⓢ 02624/1050 ⓦ www.zugbruecke.de
- Köppel-Hütte, Am Köppel, 56235 Ransbach-Baumbach ⓢ 02623/1280 ⓦ www.fluerchen.de
- Lindenhof, Abteistraße 65, 56170 Bendorf-Sayn ⓢ 02622/5410 ⓦ www.lindenhof-sayn.business.site
- Meisenhof, Meisenhofweg 55, 56170 Bendorf ⓢ 02622/3101 ⓦ www.meisenhof.com
- Ristorante Petrocelli, Heerstraße 40, 56179 Vallendar ⓢ 0261/96387171 ⓦ www.ristorante-petrocelli.de
- Sayner Scheune, Koblenz-Olper-Straße 164, 56170 Bendorf-Sayn ⓢ 02622/9062018 ⓦ www.sayner-scheune.de
- Zur Burg Grenzau, Burgstraße 13, 56203 Grenzau ⓢ 02624/950175

- Custom Cycling, Rheinstraße 96, 56235 Ransbach-Baumbach ⓢ 02623/923206 ⓦ www.custom-cycling.de

- Freibad Sayn, Im Sayntal 2, 56170 Bendorf-Sayn ⓢ 02622/3479 ⓦ www.bad-sayn.de
- Freizeitbad Vallendar, Sebastian-Kneipp-Straße 14 56179 Vallendar ⓢ 0261/63250 ⓦ www.vg-vallendar.de

Tour Download: **BT31115** (für GPS-Geräte)

Startpunkte finden mit scan to go®

Balduinstein mit der Schaumburg.

12 Südlicher Westerwald

Der Radweg Südlicher Westerwald führt von Montabaur durch den hügeligen südlichen Westerwald entlang mehrerer Bachtäler nach Limburg an der Lahn. Bevor wir mit der Unterwesterwaldbahn nach Montabaur zurückfahren, bietet sich eine Sightseeing-Tour durch die herrliche Limburger Altstadt an.

Start: ICE- und Regionalbahnhof Montabaur, Bahnallee 2, 56410 Montabaur
N 50° 26' 43.1" • E 7° 49' 31.0"

Anfahrt: Autobahn A 3 Köln–Frankfurt bis Ausfahrt 40 Montabaur, dann Ausschilderung ICE und Fashion Outlet folgen

Parkplatz: P & R auf der Nord- und Südseite des ICE-Bahnhofs Montabaur

Zug: Unterwesterwaldbahn RB 29 bis ICE-Bahnhof Montabaur. Rückfahrt mit der Unterwesterwaldbahn RB 29 vom Bahnhof Limburg (Lahn)

▸ Verbindung zu Tour 13 und 14

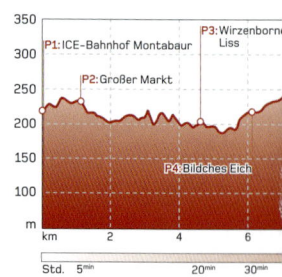

| 29.6 km | 2h 30min | ↑ 434 ▲ ↓ 534 | Anspruch |

Lahn 12

Hoch und heilig

Nepomukstatue auf der Alten Lahnbrücke.

Schloss Montabaur.

Der **Radweg Südlicher Westerwald** (www.westerwald.info) führt von Vallendar am Rhein nach Limburg an der Lahn. Wir steigen auf halbem Weg ein und fahren den landschaftlich besonders reizvollen Streckenabschnitt von Montabaur (www.montabaur. de) nach Limburg. Da viele Passagen über Wald- und Schotterwege führen, braucht man ein Fahrrad mit breiten, profilierten Reifen. Bei Nässe kann der Untergrund matschig sein. Auf den Schotterabfahrten müssen wir besonders gut aufpassen.

Die Tour beginnt am Südausgang des **ICE-Bahnhofs Montabaur (P1)**. Den Bahnhofsplatz verbindet eine Fußgängerbrücke mit dem Aubachviertel. Der Stadtteil ist in den letzten Jahren auf rund 30 Hektar Fläche zwischen dem ICE-Bahnhof und der Innenstadt neu entstanden. Am Weg fallen uns mehrere überdimensionale Schuh-Skulpturen auf. Die ersten Riesendamenpumps wurden 2015 als Werbegag zur Eröffnung des The Style Outlets Montabaur (www.montabaur.thestyleoutlets.de) aufgestellt. Inzwischen haben sich die Mon-Stilettos zur Attraktion entwickelt und verbinden als pfiffige Wegweiser das Fashion Outlet mit der Altstadt.

P1 Start

Nach dem Verkehrskreisel am Fuß des Schlossberges folgen wir der Bahnhofstraße zum Kleinen Markt, wo die Altstadt mit ihren windschiefen Fachwerkhäusern aus dem 16. und 17. Jahrhundert beginnt. Auf den Abstecher zum Schloss Montabaur (www. hotelschlossmontabaur.de) können wir verzichten, da es außer dem Hotelempfang und der Schlossgastronomie wenig zu besichtigen gibt.

Das gelb gestrichene Schloss mit der markanten Silhouette ist das Wahrzeichen der Stadt und der Blickfang beim Vorüberfahren mit dem ICE oder mit dem Auto auf der A 3. Das Barockschloss

Mon-Stilettos in Montabaur.

wurde 1687-1709 anstelle der ehemaligen Burg Humbach erbaut. Bis 1802 war es Residenz der Erzbischöfe und Kurfürsten zu Trier. Anschließend gehörte es den Herzögen von Nassau-Weilburg. Seit 1969 wird das Schloss als exklusives Hotel und Veranstaltungszentrum von der Akademie Deutscher Genossenschaften geführt.

P2 — 1.1 km — 5min

Die Hauptsehenswürdigkeiten am **Großen Markt (P2)** sind das im neugotischen Stil gehaltene Rathaus und der Marktbrunnen. Das Rathaus wird auch Roter Löwe genannt, da hier früher das Gericht tagte. Wir biegen vom Markt links in die Sauertalstraße ab und rollen den steilen Berg zur Wirzenborner Straße hinunter. Am Ortsende zweigt der **Radweg Südlicher Westerwald** links ins Gelbachtal ab. Ein Höhepunkt jeden Jahres ist der Gelbachtag (www.gelbachtaltag.de) am zweiten Sonntag im Juli, an dem das wildromantische Tal zwischen Montabaur und Weinähr autofrei ist und ganz Wanderern, Radfahrern und Inline-Skatern gehört.

Wir fahren unter der B 49 hindurch und passieren die Stendebachsmühle. Nach einem herrlichen Streckenabschnitt entlang der Hangkante des Gelbachtals müssen wir am Geiersberg kräftig in die Pedale treten. Wohl dem, der auf einem E-Bike sitzt. Anschließend erreichen wir Wirzenborn, kommen an der Wallfahrtskapelle vorüber und können beim **Landgasthaus Wirzenborner Liss (P3)** (www.wirzenborner-liss.de) eine Verschnaufpause einlegen. Am Ortsende ziert eine auffällige Holzskulptur mit dem Titel Realitätsverlust den Wegrand.

P3 — 4.5 km — 20min

Wirzenborn liegt am ca. 10 Kilometer langen Skulpturenpfad Reckenthal (www.wanderreiten-reisenzupferd.de), der von Wirzenborn über Reckenthal nach Bladernheim führt. Als Erweiterung unserer Tour können wir den Rundwanderweg mit seinen 27 Holzkunstwerken entlang der Strecke abfahren. Dabei kommt man jedoch um einen steilen Anstieg nicht herum.

Rast in Wirzenborn.

Eisenbahnviadukt der Unterwesterwaldbahn.

Nach einer kurzen Abfahrt verlassen wir das Gelbachtal, überqueren den Ahrbach (Achtung! An der Brücke muss man absteigen!) und setzen unsere Fahrt bachaufwärts fort. Weiter geht es auf einem alten Wallfahrtsweg im dichten Nadelwald des Holbachtals zur Kapelle **Bildches Eich (P4)**. Die offene Kapelle ziert in einem ausgehöhlten Baumstamm eine um 1830 gefertigte Madonnenfigur. Vielleicht wundert man sich beim besinnlichen Verweilen über ein regelmäßig wiederkehrendes, donnerartiges Geräusch. Die Auflösung folgt um die nächste Ecke. Dort zischen Züge auf der ICE-Schnellfahrstrecke Köln–Frankfurt, die zwischen den Tunneln Wahnscheid und Dickheck auf einer Brücke über das Holbachtal führt, an uns vorbei.

P4
6.1 km
30^{min}

Wir lassen die ICE-Trasse hinter uns und können uns über die offene Bachwiesenlandschaft und den freien Blick freuen. Bei Großholbach überqueren wir vorsichtig die vielbefahrene L 318 und haben im Ort die Hochfläche erreicht. In der hügeligen Landschaft des südlichen Westerwalds folgt auf den Anstieg die nächste Abfahrt. Wir rollen mit Blick auf den markanten 320 Meter hohen Bornkasten über Kleinholbach ins Eisenbachtal hinab. Für eine Pause und Stärkung bieten sich die Freimühle (www.freimuehle.de) und das historische Landhotel **Studentenmühle (P5)** (www.studenten-muehle.de) an.

P5
10.6 km
55^{min}

Gut gestärkt erwartet uns der mühsame Anstieg nach Nomborn. Beim Sportplatz am Ortsende ist die Bergwertung gemeistert. Wir sind am höchsten Punkt der Strecke angelangt, bis Limburg geht es fast nur bergab. Anschließend radeln wir am **Tontagebau Nihl (P6)** vorbei und queren vor Nentershausen die A 3. Im Ort müssen wir bei der Überquerung der L 318 aufpassen, bevor der Radweg ins Fischbachtal hinunterführt. Wir fahren zwischen zwei Teichanlagen hindurch und passieren das eindrucksvolle Eisenbahnviadukt der Unterwesterwaldbahn. Der Forstweg durch den sonnendurchfluteten Laubwald entlang des

P6
13.2 km
1^h 05^{min}

Kanu-Freestyler an der Obermühle. Altstadtidyll.

P7
18.3 km
1ʰ 30ᵐⁱⁿ

Fischbachs ist ein Genuss. Bei der **Kirche St. Katharina (P7)** in Niedererbach treffen mehrere Radwege zusammen. Am Ortsende verlassen wir das Bundesland Rheinland-Pfalz und kommen nach Hessen.

Der **Radweg Südlicher Westerwald** führt am Hang des Erbachs an einem ehemaligen Schieferstollen vorüber. Achtung, auf dem schmalen Waldweg muss man besonders gut aufpassen. Es folgt Elz, wo wir im Zickzackkurs durch den Ort gelotst werden. Die **Gastwirtschaft Schützenhof (P8)** (www.schuetzenhof-elz.de) ist eine gute Empfehlung für einen Zwischenstopp. Nachdem wir die B 8 und die Eisenbahnlinie überquert haben, treffen wir bei dem Reit- und Fahrverein Elz auf den **Radfernweg R 8**.

P8
23.2 km
1ʰ 55ᵐⁱⁿ

Wir fahren unter der A 3 und der ICE-Trasse hindurch und kommen am Limpark (www.limpark.de), einer Multisportanlage mit Kartbahn und Paintballanlage, vorbei. Nach dem Restaurant Schnitzel's (www.schnitzel-s.de) queren wir erneut die B 8 und biegen nach 150 Metern auf der Koblenzer Straße unmittelbar vor der Eisenbahnlinie links ab. Ein schmaler Fuß- und Radweg führt auf einer Eisenbahnbrücke über die Lahn. Nach einer 180-Grad-Kehre erreichen wir das Flussufer, wo sich mehrere Radwege vereinen. Nun beginnt das Ausradeln durch die Lahnaue, wobei wir den famosen Blick auf den Limburger Dom genießen können.

Statt in Limburg (www.limburg.de) direkt den Bahnhof anzusteuern, gönnen wir uns eine kurze Stadtrundfahrt. Unsere Sightseeing-Tour beginnt bei der Tourist-Info am Philippsdamm. Wir bleiben am Lahnufer, passieren den Katzenturm und rollen

Der Limburger Dom.

am Fuß des Domberges entlang. Beim Wehr neben dem Gasthaus Obermühle (www.obermuehle-limburg.de) trainieren häufig Kanu-Freestyle-Akrobaten, denen man beim „Mühlenrodeo" zusehen kann. Anschließend erklimmen wir über den Roßmarkt und die Kolpingstraße den Domberg. Oben angekommen, stehen wir vor dem Wahrzeichen und Touristenmagnet der Stadt, dem **Limburger Dom (P9)** (www.dom.bistumlimburg.de).

Der Limburger Dom wurde 1235 eingeweiht. Das Bauwerk gilt als herausragendes Beispiel der spätromanischen Baukunst. Die auffällige, rotweiße Farbgebung kennzeichnete die Kathedrale bereits im Mittelalter. Im Inneren wirkt der Dom offen, hell und luftig. Besonders eindrucksvoll sind die freigelegten farbigen, romanischen Fresken. Im Domschatz- und Diözesanmuseum erwartet den Besucher eine Lade mit Holzpartikeln vom Kreuz Christi. Das Bistum Limburg wurde im Jahr 1827 gegründet. Für einen Skandal sorgte der Bischof des Bistums Franz-Peter Tebartz-van-Elst im Jahr 2013, als die Kostenexplosion beim Neubau des Bischofssitzes mit Zierfischteich und frei stehender Badewanne publik wurde. Der Bischofssitz unmittelbar vor dem Dom ist von einer Mauer umgeben, so dass man bis auf die komplett mit schwarzem Basalt verkleidete Privatkapelle des Bischofs wenig sieht.

Vom Dom gelangen wir auf engen Gassen vorbei an Wirtshäusern, Cafés, Boutiquen, Kunsthandlungen und Nippesläden zum Kornmarkt. Zum Ausklang unserer Tour bietet sich ein Besuch der Limburger Kaffeerösterei (www.f13caffe.de) an, bevor wir uns über die Bahnhofstraße und den Neumarkt zum **Bahnhof Limburg (P10)** aufmachen.

P9
28.8 km
2h 25min

Ziel
29.6 km
2h 30min

Das komplette Ensemble der Limburger Altstadt steht unter Denkmalschutz. Trotz des Touristentrubels kann man sich gut in die Zeit des Mittelalters mit seinen Handwerkszünften und dem quirligen Markttreiben zurückversetzen. Einige Fachwerkhäuser wie Römer 2, 4 und 6 zählen zu den ältesten Häusern Deutschlands. Sie wurden nach dem Großbrand von 1289 errichtet. Bei vielen Fachwerkbauten handelt es sich um gotische Hallenhäuser. Im Erdgeschoss konnte man einen Pferdewagen unterbringen, der von der Galerie aus beladen wurde. Das Haus Kleine Rütsche 4 war bekannt als engste Stelle der Handelsstraße Köln-Frankfurt. Schon am Kölner Heumarkt wurde auf diese Engstelle hingewiesen. In Limburg halfen sogenannte Säcker beim Tragen über die Rütsche. Heute werden in der Altstadt geborene Limburger Säcker, ab der zweiten Generation Edelsäcker genannt.

Am Bahnhof Limburg verkehrt der Zug nach Montabaur (bzw. Siershahn) auf dem etwas versteckt liegenden Gleis 8 (es befindet sich gegenüber Gleis 1). Die Unterwesterwaldbahn RB 29 (www.dreilaenderbahn.de) bringt uns zurück zum **ICE Bahnhof Montabaur (P1)**. Die Fahrradmitnahme ist gratis. Limburg hat übrigens auch einen ICE-Bahnhof. Die Geschichte der ICE-Bahnhöfe Limburg und Montabaur ist ein Politikum. Nachdem das „kleine", rheinland-pfälzische Montabaur als ICE-Halt feststand, musste der Schnellzug natürlich auch im nur 20 Kilometer entfernten, größeren und vor allem hessischen Limburg stoppen.

In der Altstadt von Limburg.

 *Fazit*

Die Tour verbindet auf wenig frequentierter Strecke die Fachwerkstädte Montabaur und Limburg. Die Rückfahrt erfolgt mit der Bahn. Der Radweg führt über Wald- und Schotterwege und ist nichts für schmale Reifen. Bei Nässe sollte man die Strecke meiden.

TourTipps

12 Lahn

- Tourist-Info Limburg, Barfüsserstraße 6, 65549 Limburg
  06431/6166 www.limburg.de
  und Busempfangsstation, Am Philippsdamm, 65549 Limburg 06431/282413
- Tourist-Info Montabaur, Großer Markt 12, 56410 Montabaur
  02602/9502780 www.montabaur.de und www.suedlicher-westerwald.de

- Da Salvo, Aubachstraße 3-5, 56410 Montabaur
  02602/2974 www.da-salvo-trattoria.de
- Freimühle, Freimühle-Eisenbachtal, 56412 Girod
  06485/91550 www.freimuehle.de
- Himmel und Erde – Kapelle am Schafsberg, Joseph-Heppel-Str. 1a, 65549 Limburg
  06431/5847208 www.kapelle-himmelunderde.de, nichts für unterwegs,
  sondern für das gemütliche Essen am Abend in besonderem Rahmen
- Limburger Kafferösterei fare tredici, Barfüsserstraße 1-3, 65549 Limburg
  06431/217542 www.f13caffe.de
- Obermühle mit Wirtshaus und Biergarten, Am Huttig 3, 65549 Limburg
  06431/5840084 www.obermuehle-limburg.de
- Schnitzel's, Elzer Straße 2-4, 65556 Limburg-Staffel
  06431/217587 www.schnitzel-s.de
- Schützenhof, Alexanderstr. 2, 65604 Elz
  06431/52092 www.schuetzenhof-elz.de
- Studentenmühle, Studentenmühle 1, 56412 Nomborn
  06485/91220 www.studenten-muehle.de
- Wirzenborner Liss, Kapellenstraße 8, 56410 Montabaur-Wirzenborn
  02602/4327 www.wirzenborner-liss.de
- Wolke 8 Burgerhandlung, Bahnallee 20, 56410 Montabaur
  02602/6748168 www.wolkeacht.de

- Bike Villa, In der Schwarzerde 1, 65549 Limburg
  06431/5908630 www.bikevilla.de
- Radhaus Pacak, Langgasse 50, 65604 Elz
  06431/9092866 www.radhaus-pacak.de
- Zweirad Meuer, Limburger Straße 167, 65582 Diez
  06432/934880 www.zweirad-meuer.de

- Mons-Tabor-Bad, Eifelstr., 56410 Montabaur 02602/4611
  www.vg-montabaur.de
- Parkbad Limburg an der Lahn, Am Haustein, 65549
  Limburg 06431/2880609 www.limburg.de

Tour Download: **BT31215** (für GPS-Geräte)

Startpunkte finden mit scan to go®

13 Lahn-Kerkerbach-Runde

Die Strecke führt uns vom touristischen Lahntal in die Abgeschiedenheit des Westerwaldes. Auf das gemütliche Flussradeln auf dem Lahn-Radweg folgt der Bahntrassenradweg im Kerkerbachtal. Von der Westerwaldhöhe geht es zum Abschluss auf dem Hessischen Radfernweg R 8 hinab ins Lahntal.

Start/Ziel: Parkplatz unter der Neuen Lahntalbrücke, 65549 Limburg (Lahn)
N 50° 23' 33.7" • E 8° 03' 43.9"

Anfahrt: Autobahn A 3 Köln–Frankfurt bis Ausfahrt 42 Limburg-Nord, ein paar Meter auf der B 54 Richtung Limburg, rechts auf die B 8 Richtung Limburg-Süd/Elz abbiegen, erste Möglichkeit links in den Offheimer Weg/Brückenvorstadt abbiegen und zum Parkplatz unter der Neuen Lahnbrücke fahren

Parkplatz: siehe Start/Ziel.

Zug: Mit einer der Regionalbahnlinien bis Limburg (Lahn), Bahnhofsplatz 1, 65549 Limburg, dem Zuweg zum Lahn-Radweg durch die Bahnhofstraße, über den Neumarkt und die Grabenstraße zum Start an der Neuen Lahnbrücke folgen

▶ Verbindung zu Tour 12 und 14

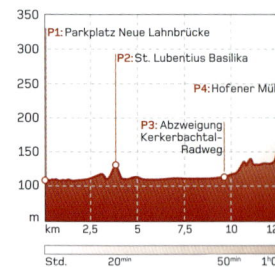

| 54.4 km | 4h 30min | 727 ↑↑↓ |  Anspruch |

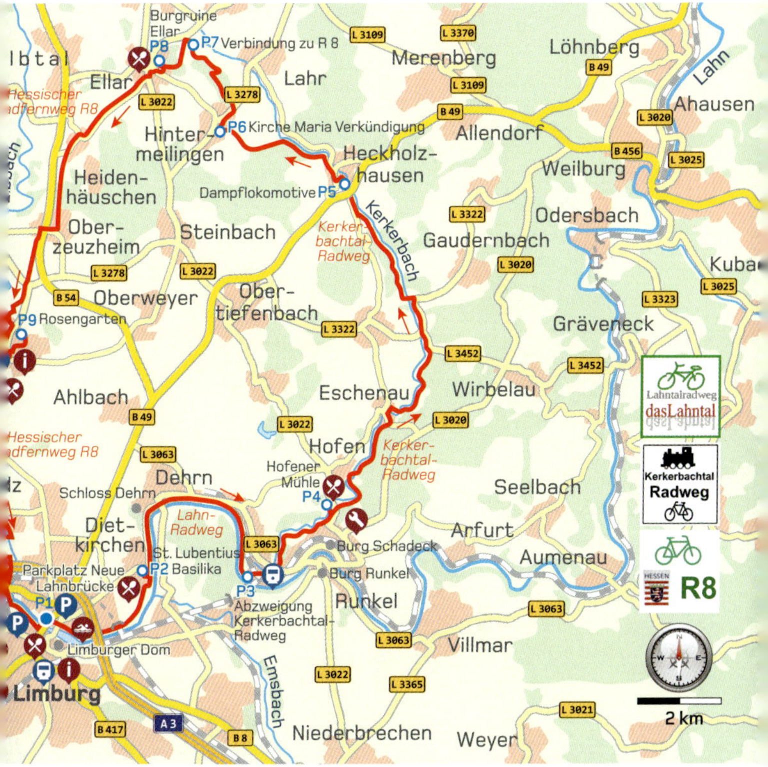

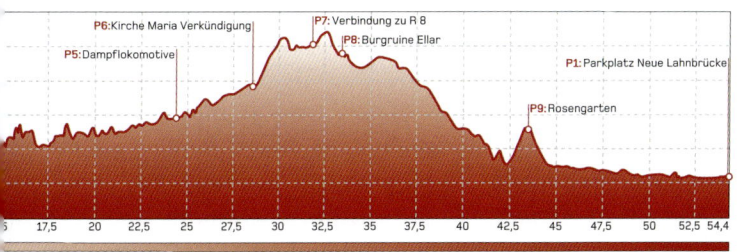

Volldampf voraus

Lahn 13

St. Lubentius Basilika.

Wir starten in der Limburger Brückenvorstadt am **Parkplatz unter der Neuen Lahnbrücke (P1)**. Auf dem Lahn-Radweg (www.lahn-radweg.de) kommen wir an der alten Steinbrücke vorbei und können von dort den Blick auf den Limburger Dom genießen. Nach Schleuse, Parkbad (www.limburg.de) und Campingplatz verlassen wir Limburg und fühlen uns unter den mächtigen Brückenpfeilern der Autobahn A 3 und der ICE-Schnellstrecke winzig klein.

P1 Start

Anschließend steuern wir über die weite Feldlandschaft auf Dietkirchen zu. Der Ort wird von der **St. Lubentius Basilika (P2)** überragt, die auf einem Kalkfelsen thront. Vom Lahnufer aus wirkt die Kirche wie eine Festung. Die beiden mächtigen Türme der Basilika sind in schwindelerregender Höhe über eine Holzbrücke miteinander verbunden. Beim Gasthaus Altes Fährhaus lohnt es sich, zu einem Abstecher hinauf zu St. Lubentius abzubiegen.

P2 3.8 km 20min

Der Bau der romanischen Kirche wurde im ersten Jahrtausend begonnen und um 1250 vollendet. Zum Gesamtensemble gehören neben der Basilika auch die Dreifaltigkeits- und Michaelskapelle. Vom Plateau der Lubentius Ley hat man einen prächtigen Blick auf das Lahntal. Am Steilhang wird sogar Wein angebaut, der als Messwein genutzt wird.

Zurück auf dem Radweg folgt die Ortschaft Dehrn. Blickfang ist das auf einem Bergsporn errichtete Schloss mit dem auffälligen 34 Meter hohen Bergfried. Danach passieren wir den Sportboothafen und die Firma Kalk Schaefer. In der Lahnaue zwischen Steeden und Runkel zweigt der **Kerkerbachtal-Radweg (P3)** (www.bahntrassenradwege.de) unmittelbar vor einer Eisenbahnbrücke ab. Wir verlassen den **Lahn-Radweg** an der Gabelung und biegen ins Kerkerbachtal ab. In Anlehnung an die Trasse der ehemaligen Kerkerbachbahn entstand ein 32 Kilometer langer Radweg vom Lahntal in den Westerwald. Aufgrund vieler Wald- und Schotterwege sollte man mit breiten, profilierten Reifen unterwegs sein. Der **Kerkerbachtal-Radweg** ist nicht so vorbildlich ausgeschildert wie der **Lahn-Radweg**. Bei der Orientierung muss man gut aufpassen und nutzt am besten ein GPS-Gerät/App.

P3 9.6 km 50min

Schloss Dehrn.

Die Kerkerbachbahn diente dem Transport von Bodenschätzen insbesondere von Erz, Ton, Marmor, Basalt und Kalk aus dem Westerwald an die Lahn. Die Kleinbahn wurde abschnittsweise zwischen 1886 und 1908 eröffnet. Nach dem 2. Weltkrieg verlagerte sich der Verkehr zunehmend auf die Straße, und 1960 wurde der Bahnverkehr bis auf den Streckenabschnitt Dehrn-Kerkerbach eingestellt und die Gleise wurden abgebaut.

Nachdem wir den Bahnhof Kerkerbach sowie ein kleines Gewerbegebiet passiert haben, überqueren wir die Steedener Straße, wo eine Hinweistafel über den Verlauf und die Hauptsehenswürdigkeiten des Kerkerbachtal-Kallenbachtal-Radweges informiert. Nach dem touristisch stark frequentierten Lahntal können wir uns auf die Ruhe im idyllischen Kerkerbachtal freuen. Die Feuchtwiesen, Flussauen und Hangwälder entlang des Kerkerbaches stehen teilweise unter Naturschutz. Beim ehemaligen Haltepunkt Schadeck überqueren wir die L 3022 und es lohnt sich ein Abstecher zur 250 Meter entfernten **Hofener Mühle (P4)** (www.hofener-muehle.de). Das über 300 Jahre alte Fachwerkhaus ist ein echter Hingucker und beherbergt heute ein Café.

P4
13.1 km
1ʰ 05ᵐⁱⁿ

Zurück auf dem **Kerkerbachtal-Radweg**, kommen wir an der verlassenen Oberhofermühle vorbei. Der Radweg führt auf der ehemaligen Bahntrasse, die zum Teil in den Fels geschlagen wurde, am Hang entlang zur K 462. Wir rollen auf der Kreisstraße den Berg hinab und erreichen Eschenau, wo wir nach der Kerkerbachbrücke in einer 180-Grad-Kehre in den Gänsepfad abbiegen. Anschließend führt der Radweg im Wald an zwei ehemali-

Lahn-Radweg.

Hofener Mühle.

Eisenbahndenkmal Kerkerbachbahn.

gen Grubenzugängen vorbei und streift Christianshütte, das seine Blütezeit von 1887 bis 1906 erlebte. Damals war der Ort Hauptsitz von Verwaltung und Werkstätten der Kerkerbachbahn. Nach Christianshütte öffnet sich das Tal, und wir finden uns in einer weiten Bachlandschaft wieder.

Es folgt ein Streckenabschnitt auf der L 3452, die beim ehemaligen Bahnhof Schupbach in die L 3322 übergeht. Vor dem Anstieg nach Gaudernbach biegen wir auf einen Schotterweg ab, passieren einen Marmorbruch und erreichen den Brückenneubau der B 49. Der **Kerkerbachtal-Radweg** mündet nun in die K 449, die nach Heckholzhausen führt. Vor dem Ort zeigt eine Radwegausschilderung nach links. Wir bleiben jedoch auf der K 449 und treffen in Heckholzhausen auf ein besonderes Eisenbahndenkmal. Etwas verloren steht eine **Dampflokomotive (P5)** am Rand der Bahnhofstraße. Die von der Firma Borsig 1901 hergestellte Lokomotive wurde zwar nie auf der Kerkerbachstrecke eingesetzt, hat sich aber dennoch zum Wahrzeichen des **Kerkerbachtal-Radweges** entwickelt.

P5
24,5 km
2^h 05^{min}

Danach folgen wir der Vorfahrtstraße nach links und biegen im Anstieg rechts auf die Limburger Straße. Unmittelbar vor der Brücke über den Kerkerbach zweigt der Radweg in die Bruderstraße ab und führt an einer Kipplore vorbei in den Wald hinein. Wir halten uns rechts und radeln oberhalb des Kerkerbaches am Hang entlang. Nach einem Rastplatz mit Brunnen passieren wir auf der ehemaligen Bahntrasse die Überreste der Verladerampen der Hintermeilinger Tongruben. Hier endeten früher die Seil-,

In Ellar

Feld- und Pferdebahnen der Tongruben. Anschließend verlassen wir den Wald und pedalieren über eine Hochfläche mit Feldern, Wiesen und Obstbäumen auf Hintermeilingen und die markante Erhebung des Steinkopfes zu.

P6 28.5 km 2ʰ25ᵐⁱⁿ

Am Ortseingang schwenkt der Radweg bei der Basaltkirche **Maria Verkündigung (P6)** scharf rechts ab. In der folgenden Senke dient eine ehemalige Kleinlokomotive der Tongruben als Kinderspielzeug. Wir erreichen die Einmündung der L 3278 und radeln auf der Landstraße zum Ortsausgang. Dort zweigt der **Kerkerbachtal-Radweg** zum Sportplatz des DJK SV Hintermeilingen ab. Es folgt ein Anstieg, bei dem wir ordentlich in die Pedale treten müssen. Auf dem Hangrücken des Steinkopfes biegt der Radweg rechts ab und wechselt mitten in einer Waldabfahrt nach 250 Metern auf die ehemalige Bahntrasse. Achtung! Beide Abzweigungen übersieht man leicht. Auf einem zweispurigen Betonplattenweg gelangen wir über weite Feldflächen zum Wendepunkt unserer Strecke.

P7 31.8 km 2ʰ40ᵐⁱⁿ

Bei einer Mariengedenkstätte gabelt sich der Weg. Wir verlassen an der **T-Kreuzung (P7)** den **Kerkerbachtal-Radweg** und folgen dem **Hessischen Radfernweg R 8**. Nach einem Schlenker in Richtung L 3046 führt der Radweg erneut auf den Steinkopf. Ohne E-Bike muss man bei dem kurzen Steilanstieg eventuell ein Stück schieben. Weiter geht es in flotter Fahrt den Berg hinab nach Ellar.

P8 33.5 km 2ʰ50ᵐⁱⁿ

Das Ortsbild bestimmen die Pfarrkirche St. Maximinus und die **Burgruine Ellar (P8)**. Der Radweg biegt beim Friedhof in die Gartenstraße ab. Wir sollten uns Basaltkirche und Burgruine jedoch nicht entgehen lassen. Der Turm der Burgruine ist frei zugänglich und bietet einen hervorragenden Rundblick. Zurück am Friedhof, führt der **Hessische Radfernweg R 8** im Zickzack durch den Ort. Zur Einkehr sei die Bäckerei Simon in der Kirchstraße 1

Im WällerLand.

Schloss Hadamar.

empfohlen. Auf der K 481 radeln wir daraufhin über die weite Feldlandschaft nach Hangenmeilingen und können unterwegs den herrlichen Fernblick genießen. Die Ortsverbindungsstraße ist zwar nicht zum gemütlichen Nebeneinanderfahren geeignet, dafür kommen wir zügig voran. Nach einer rasanten Abfahrt erreichen wir Oberzeuzheim, wo wir die viel befahrene B 54 überqueren müssen. Zum Glück gibt es eine Fußgängerampel, um den Autostrom zu stoppen.

Mit der L 3278 kreuzen wir eine weitere Querstraße, bevor uns der Radweg durch ein Gewerbegebiet in die historische Fürstenstadt Hadamar (www.hadamar.de) führt. Wir kommen am Ringhotel Nassau-Oranien vorbei und schwenken beim Café Dolce Vita zum Untermarkt mit dem prächtigen Rathaus ab. Das mit Schnitzereien verzierte Fachwerkgebäude, in dem sich auch die Tourist Info befindet, ist ein Hingucker. Ein lohnenswerter Abstecher führt über die Nonnen- und Mariengasse hinauf zum **Rosengarten (P9)** auf dem Herzenberg. Der über 3.000 qm große Garten ist nach englischem Vorbild angelegt und lädt mit vielen Bänken zum Entspannen und Verweilen ein. Im Juni ist die Blüte der über 2.000 Rosenstöcke besonders prächtig. Zurück am Rathaus, geht es weiter zum prächtigen Renaissanceschloss aus dem 17. Jahrhundert.

P9
43,5 km
3ʰ 40ᵐⁱⁿ

An das schwärzeste Kapitel der Stadtgeschichte erinnert die Gedenkstätte Hadamar (www.gedenkstaette-hadamar.de) auf dem Mönchberg. Zwischen 1941 und 1945 wurden 15.000 geistig behinderte und psychisch kranke Menschen in der Tötungsanstalt Hadamar Opfer der nationalsozialistischen Euthanasieverbrechen.

Nach dem Restaurant Fohlenhof (www.restaurant-fohlenhof.de) und der Schlossbrücke zweigt der **Hessische Radfernweg R 8** von der Ortsdurchgangsstraße ab und wir verlassen Hadamar. Durch die weite Acker- und Wiesenfläche des Limburger Beckens gelangen wir zum Ortsrand von Elz. Wir überqueren vorsichtig die Offheimer Straße und kommen an der Neumühle und im Schlenker am Reit- und Fahrverein Elz vorbei. Der nachfolgende Streckenabschnitt bis Limburg deckt sich mit dem der Tour 12. Wir fahren unter der A 3 und der ICE-Trasse hindurch und streifen den Limpark (www.limpark.de). Anschließend queren wir die B 8 und biegen auf der Koblenzer Straße unmittelbar vor dem Eisenbahnübergang links ab. Der Radweg führt auf einer Eisenbahnbrücke über die Lahn.

Mit Blick auf den prächtigen Limburger Dom rollen wir auf dem Lahn-Radweg nach Limburg. Zum Abschluss unserer Tour lockt die Altstadt mit ihren Cafés, Eisdielen und Restaurants. Eine Sightseeing-Runde durch Limburg ist in Tour 12 beschrieben. Wir fahren unter der Neuen Lahnbrücke hindurch, wo der Lahn-Radweg in einer ganz engen 180-Grad-Kehre auf die Brücke abzweigt. Der Blick von der Neuen Lahnbrücke auf den Limburger Dom ist grandios. Am Parkplatz unter der Lahnbrücke (P1) schließt sich der Kreis dieser Rundtour.

Ziel
54.4 km
4h 30min

Rathaus Hadamar.

Im Rosengarten.

 *Fazit*

Die Vielfalt sorgt für den besonderen Pfiff. Die Tour verbindet Lahn und Westerwald, Flussradeln und Bahntrassenfahren, Abgeschiedenheit und Touristentrubel, Geschichte und Gegenwart, Natur- und Kulturgenuss.

Tour Tipps

13 Lahn

- Tourist-Info Hadamar im Rathaus, Untermarkt 1, 65589 Hadamar
  06433/89174 www.hadamar.de
- Tourist-Info Limburg, Barfüsserstraße 6, 65549 Limburg
  06431/6166 www.limburg.de und
  Busempfangsstation, Am Philippsdamm, 65549 Limburg 06431/282413

- Altes Fährhaus, Lahnstraße 1, 65553 Limburg-Dietkirchen
- Bäckerei Simon, Kirchstraße 1, 65620 Waldbrunn-Ellar
  06436/4148 www.baeckerei-simon.de
- Dolce Vita, Borngasse 1, 65589 Hadamar 06433/947194
- Himmel und Erde – Kapelle am Schafsberg, Joseph-Heppel-Straße 1a, 65549 Limburg 06431/5847208 www.kapelle-himmelunderde.de, nichts für unterwegs, sondern für das gemütliche Essen am Abend in besonderem Rahmen
- Hofener Mühle, 65594 Runkel-Hofen 06482/339 www.hofener-muehle.de
- Limburger Kaffeerösterei fare tredici, Barfüsserstraße 1–3, 65549 Limburg
  06431/217542 www.f13caffe.de
- Obermühle mit Wirtshaus und Biergarten, Am Huttig 3, 65549 Limburg
  06431/5840084 www.obermuehle-limburg.de
- Restaurant Fohlenhof, Gymnasiumstraße 14, 65589 Hadamar
  06433/5711 www.restaurant-fohlenhof.de
- Schnitzel's, Elzer Straße 2-4, 65556 Limburg-Staffel
  06431/217587 www.schnitzel-s.de

- Bike Villa, In der Schwarzerde 1, 65549 Limburg
  06431/5908630 www.bikevilla.de
- Radhaus Pacak, Langgasse 50, 65604 Elz
  06431/9092866 www.radhaus-pacak.de
- 2Rad Völker, Weilburger Straße 1, 65594 Runkel-Schadeck
  06482/9492217 www.2rad-voelker.de
- Zweirad Meuer, Limburger Straße 167, 65582 Diez
  06432/93488-0 www.zweirad-meuer.de

- Freibad Elz, Sandweg 30, 65604 Elz 06431/5656 www.elz.de
- Freibad Hadamar, Hexenschlucht, 65589 Hadamar
  06433/ 3939 www.hadamar.de
- Parkbad Limburg an der Lahn, Am Haustein, 65549 Limburg
  06431/2880609 www.limburg.de

Tour Download: **BT31315** (für GPS-Geräte)

Startpunkte finden mit scan to go®

14 Lahn-Radweg 1

Der Lahn-Radweg zählt zu den schönsten und beliebtesten Radwegen Deutschlands. Von Weilburg bis Diez verläuft der Radweg fast durchgängig unmittelbar am Fluss. Neben Natur pur bietet die Tour mit Weilburg, Runkel, Limburg und Diez kulturelle Höhepunkte. Mit der Bahn kehren wir nach Weilburg zurück.

Start: Bahnhof Weilburg, Bahnhofstraße 4, 35781 Weilburg
N 50° 29' 10.2" • E 8° 16' 02.6"

Anfahrt: Autobahn A 45 Dortmund–Aschaffenburg bis Ausfahrt 30 Wetzlar-Ost bzw. Autobahn A 3 Köln–Frankfurt bis Ausfahrt 42 Limburg-Nord, B 49 Limburg–Wetzlar bis Ausfahrt Weilburg folgen, auf B 456 bis zur Bahnhofstraße bzw. zum Abzweig in die Altstadt

Parkplatz: P&R am Bahnhof Weilburg oder Parkplätze am Lahnufer, Hainallee und Im Bangert, 35781 Weilburg
N 50° 29' 03.4" • E 8° 15' 29.0"

Zug: Lahntalbahn RB 23/25 und Lahntal- und Vogelsbergbahn RB 45 bis Bahnhof Weilburg.
Rückfahrt mit der Lahntalbahn RB 23/25 vom Bahnhof Diez

▶ Verbindung zu Tour 12, 13 und 15

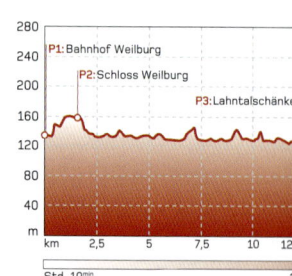

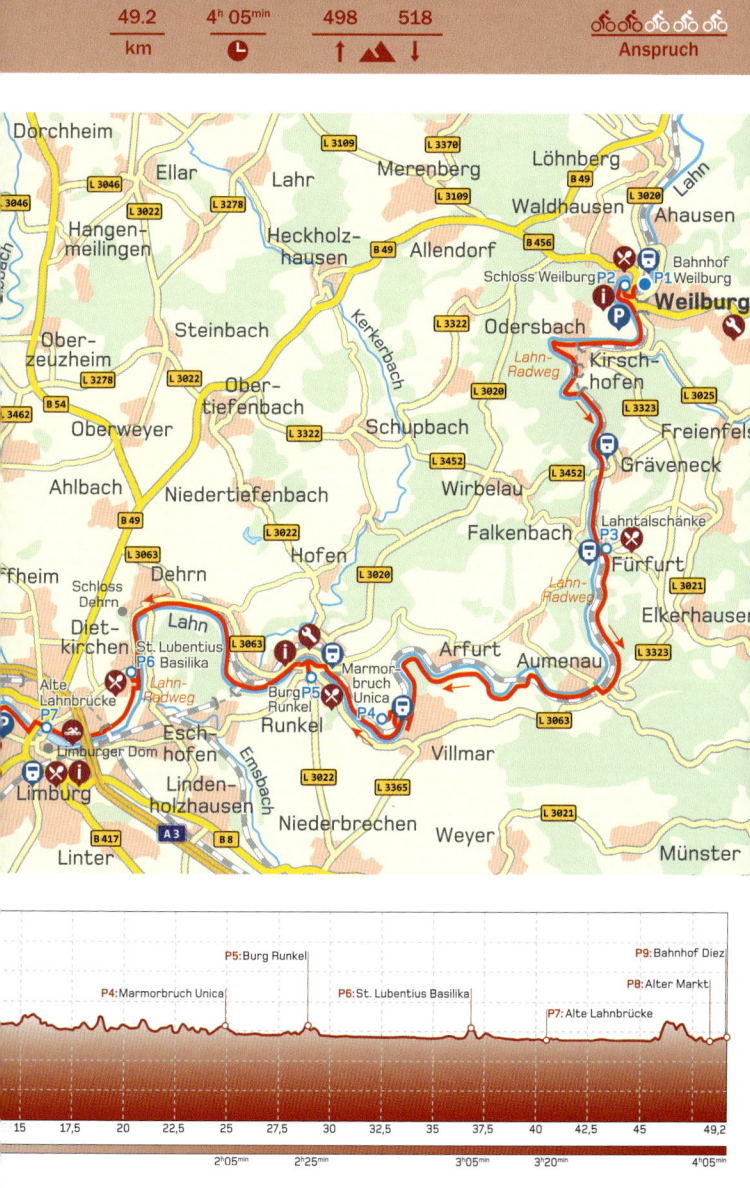

Lahnbrücke in Runkel.

Am Anfang der Tour stehen wir am **Bahnhof Weilburg (P1)** vor der Wahl, ob wir Weilburg (www.weilburg.de) auf dem **Lahn-Radweg** (www.lahn-radweg.de) gemütlich im Tal umrunden oder uns die Innenstadt ansehen und den Altstadtberg erklimmen. Der Stadtkern der ehemaligen Residenzstadt liegt spektakulär auf einem Felsrücken und wird fast komplett von der Lahn umschlossen.

Wer sich für den Lahn-Radweg entscheidet, folgt der Ausschilderung vom Bahnhof entlang des Flusses zum Kreisverkehr am Postplatz. Dort geht es mit Blick auf Weilburg und das herrliche Residenzschloss über die Steinerne Brücke. Auf der anderen Seite bleiben wir an der Lahn und kommen in der Hainallee am Rollschiff und den Weilburger Terrassengärten vorbei zum Schiffstunnel.

Bei der Altstadtvariante verlässt man den Bahnhof in gleicher Richtung auf der Bahnhofstraße. Die Fahrt auf der vielbefahrenen Straße lässt sich nicht vermeiden. Nach 250 Metern biegen wir auf die B 456 ab, überqueren die Oberlahnbrücke und kurbeln am Schlossgarten den Berg hinauf. In der Kurve biegen wir rechts in die Vorstadt ab und gelangen durch das Landtor in die Altstadt. Unsere Sightseeing-

Schloss Weilburg.

Runde führt uns zum Marktplatz und Schlossgarten. Höhepunkt jeder Weilburg-Besichtigung ist die Führung durch **Schloss Weilburg (P2)** mit seinen Salons, Schlafzimmern, der Hofküche und Orangerie. Der Renaissance-Innenhof ist Schauplatz der Weilburger Schlosskonzerte. Durch die Neugasse gelangen wir zum Denkmal am Komödienbau und können noch einmal den Blick von oben auf das Lahntal genießen. Über die Niedergasse geht es zur Lahn hinunter, wo wir der Hainallee am Fluss entlang zum Schiffstunnel folgen und auf den **Lahn-Radweg** stoßen.

Am Ortsende beginnt das Rad- und Paddelparadies. Fernab des Straßenverkehrs folgt der **Lahn-Radweg** jeder Flussschleife durch die wilde Auenlandschaft. Weite Wiesenflächen bieten Tier- und Pflanzenarten Nahrungs- und Brutreviere, und am Uferhang beeindruckt der lichte Buchen-Eichenwald. Neben vielen Rast- und Picknickplätzen kommen wir auch an einigen Badestellen vorbei. Auf der ganzen Tour sind nur kleinere Anstiege zu überwinden. Die Flussnähe hat jedoch einen Haken. Bei Hochwasser ist der

Radweg überschwemmungsgefährdet. Wir radeln am Campingplatz Gräveneck vorbei und erreichen Fürfurt, wo wir auf die andere Seite der Lahntalbahn wechseln. Nach dem Bahnübergang lädt die **Lahntalschänke (P3)** zur Einkehr ein.

P3
12.3 km
1ʰ

Anschließend passieren wir Aumenau, das auf der anderen Flussseite liegt. Mit Villmar folgt das Zentrum des Lahnmarmors. Wir fahren zunächst unter der einzigen Marmorbrücke Europas hindurch und werden danach in einer Schleife über die Brücke geführt. Auf der anderen Uferseite lohnt sich ein Abstecher zu dem 2016 eröffneten Lahn-Marmor-Museum (www.lahn-marmor-museum.de) und zu dem rund 300 Meter entfernten **Marmorbruch Unica (P4)**.

P4
24.9 km
2ʰ05ᵐⁱⁿ

Der Lahnmarmor entstand vor 380 Millionen Jahren, als weite Teile Deutschlands von einem Meer bedeckt waren. Im Devonmeer bildeten sich Riffe, die im Laufe der Erdgeschichte durch Druck darüberliegender Gesteinsschichten verfestigt wurden. Im Unica-Bruch können wir gesägte Marmorwände bestaunen und uns von der Farbenpracht des polierten Kalksteins überzeugen. Der Lahnmarmor wurde in die ganze Welt exportiert. Wir finden ihn in der Eingangshalle des Empire State Building in New York, im Kreml, in der St. Petersburger Eremitage, aber auch als barockes Marmorbad im Weilburger Schloss.

Zurück auf dem Radweg, kommen wir an dem Denkmal für König Konrad I. vorbei, das auf der anderen Lahnseite den Uferhang ziert. Wir nähern uns Runkel (www.runkel-lahn.de) und blicken auf die mächtige Burgruine vor uns. Das Panorama von Runkel gehört zu den

Lahn Radweg beim König Konrad I. Denkmal.

Burg Runkel.

Die Lahn bei Runkel.

spektakulärsten im gesamten Lahntal. Wir passieren den Bahnhof und erreichen mit der über 500 Jahre alten Steinbrücke das Nadelöhr der Stadt. Die Brücke ist in einer Fahrtrichtung für den Verkehr freigegeben. Wir schieben unser Fahrrad über die historische Brücke und haben das Ortszentrum erreicht. Obacht! Die viel befahrene Ortsdurchfahrt hat keinen abgetrennten Fahrradweg. Auf Höhe der Tourist-Info sollte man links abbiegen und einen Abstecher zur Burg Runkel (P5) (www.burg-runkel.de) unternehmen.

P5
28.9 km
2h 25min

Burg Runkel wurde 1159 erstmals urkundlich erwähnt. Die Burg diente der Sicherung des Übergangs über die Lahn. Familienstreitigkeiten der Runkel-Westerburger Grafen führten dazu, dass Burg Runkel die Trutzburg Schadeck auf der gegenüberliegenden Lahnseite direkt vor die Nase gesetzt bekam. Burg Runkel wurde 1634 während des Dreißigjährigen Krieges von kroatisch-österreichischen Truppen zerstört. Während die Oberburg nur als Ruine zu besichtigen ist, wurde die Unterburg wieder aufgebaut. Burg Runkel befindet sich im Besitz der Familie zu Wied. Von April bis Oktober können Museum, Waffensammlung und Verlies besichtigt werden. Einen Höhepunkt der Besichtigung stellt die Besteigung des Burgfrieds dar. Der Blick vom Turm auf Runkel, Schloss Schadeck und die Lahn ist grandios.

Runkel bietet sich wegen des reichen gastronomischen Angebots für eine Verpflegungspause an. Gut gestärkt verlassen wir die Stadt auf dem straßenbegleitenden Radweg über die Lahnbrücke. Achtung! Die Überquerung der L 3063 auf der Brückenauffahrt ist eine Gefahrenstelle. Anschließend geht es unbeschwert am Fluss entlang weiter. Der Streckenabschnitt bis Limburg ist – allerdings in der Gegenrichtung gefahren – auch Bestandteil der Tour 13. Bei Dehrn zieht das wehrhaft über dem Ort thronende Schloss mit seinem mächtigen Turm unseren Blick auf sich.

P6
36.9 km
3h 05min

Es folgt Dietkirchen, das von der mächtigen **St. Lubentius Basilika (P6)** überragt wird. Auf den Abstecher vom Gasthaus Altes Fährhaus hinauf zur Kirchenfestung sollte man nicht verzichten (siehe Tour 13).

P7
40.4 km
3h 20min

Über Felder hinweg nähern wir uns Limburg (www.limburg.de). Der **Lahn-Radweg** führt unter der gewaltigen ICE- und Autobahnbrücke hindurch zur **Alten Lahnbrücke (P7)**, wo wir die Postkartenansicht des Limburger Dom auskosten können. Die Stadt verdankt der Steinbogenbrücke über die Lahn ihren Reichtum und Aufstieg. Im Mittelalter führte die wichtige Handelsstraße Via Publica über die Brücke. Limburg erhielt 1357 das Zollrecht und übte es 548 Jahre lang aus. Der **Lahn-Radweg** führt uns 250 Meter lahnabwärts über die Neue Lahnbrücke. Auf der anderen Lahnseite angekommen, bietet sich ein Abstecher in die Limburger Altstadt und zum Dom an. Eine Sightseeing Tour durch Limburg ist in Tour 12 beschrieben.

Von der Kreisstadt radeln wir durch die Lahnaue, über Felder und Wiesen hinweg nach Diez (www.stadt-diez.de). Wir kommen unterhalb des etwas auf einem Hang versteckten Barockschlosses Oranienstein vorbei. Das Schloss gehört heute der Bundeswehr und ist als militärischer Sicherheitsbereich eingezäunt. Von den 318 Räumen können im Rahmen einer Führung der Marschallsaal, der blau-goldene Saal, das Gartenkabinett und die Schlosskapelle besichtigt werden. Vor dem Campingplatz Oranienstein führt der Radweg eine kurze Rampe hinauf und anschließend durch ein Wohngebiet in die Altstadt von Diez. Am **Alter Markt**

P8
48.1 km
4h

(P8) und entlang der Altstadtstraße locken Cafés, Eisdielen und Gasthäuser zu einem abschließenden Einkehrschwung.

Ziel
49.2 km
4h 05min

Der **Bahnhof Diez (P9)** ist nicht weit von der Altstadt entfernt. Mit der Lahntalbahn geht es zurück nach Weilburg. Die Fahrradmitnahme ist kostenlos.

Fazit

Die Tour für Genießer. Was will man mehr als eine flache Strecke, ohne störenden Verkehrslärm und fast immer in Flussnähe. Die herrliche Landschaft und das kulturelle und kulinarische Angebot laden zum Verweilen, Schauen, Träumen und Genießen ein.

Tour Tipps

14 Lahn

- Tourist-Info Diez, Wilhelmstraße 63, 65582 Diez
  06432/9543211 www.stadt-diez.de
- Tourist-Info Limburg, Barfüsserstr. 6, 65549 Limburg
  06431/6166 www.limburg.de und
  Busempfangsstation, Am Philippsdamm, 65549 Limburg 06431/282413
- Tourist-Info Runkel, Burgstr. 23, 65594 Runkel
  06482/9161-60 www.runkel-lahn.de
- Tourist-Info Weilburg, Schlossplatz 1, 35781 Weilburg
  06471/31467 www.weilburg.de

- Altes Fährhaus, Lahnstraße 1, 65553 Limburg-Dietkirchen
- Altstadt-Café, Burgstraße 2, 65594 Runkel 06482/949790
- Café Rath's, Altstadtstraße 1, 65582 Diez 06432/921012 www.cafe-raths.de
- Lahntalschänke, Bahnhofsringstraße 4, 35796 Weinbach-Fürfurt
  06474/278 www.willis-bootsverleih.de
- Landhaus Schaaf, Oberstraße 15, 65594 Runkel-Schadeck
  06482/2980 www.landhaus-schaaf.de
- Limburger Kaffeerösterei fare tredici, Barfüsserstraße 1-3, 65549 Limburg
  06431/217542 www.f13caffe.de
- Obermühle mit Wirtshaus und Biergarten, Am Huttig 3, 65549 Limburg
  06431/5840084 www.obermuehle-limburg.de
- Tommy's, Mauerstraße 2, 35781 Weilburg 06471/923274
  www.tommys-weilburg.de

- Bike District, Altstadtstr. 10, 65582 Diez 06432/3419545
  www.bikedistrictdiez.de
- Bike Villa, In der Schwarzerde 1, 65549 Limburg
  06431/5908630 www.bikevilla.de
- Radsport Wern, Viehweg 23, 35781 Weilburg 06471/918841
  www.radsport-wern.de
- 2Rad Völker, Weilburger Straße 1, 65594 Runkel-Schadeck
  06482/9492217 www.2rad-voelker.de
- Zweirad Meuer, Limburger Straße 167, 65582 Diez
  06432/93488-0 www.zweirad-meuer.de

- Baggersee Beach Club / Freizeitpark Diez, In der Au 40,
  65582 Diez 06432/83308 www.baggersee-diez.de
- Parkbad Limburg an der Lahn, Am Haustein, 65549
  Limburg 06431/2880609 www.limburg.de

Tour Download: **BT31415** (für GPS-Geräte)

15 Lahn-Radweg 2

Der Lahn-Radweg führt uns durch eine traumhaft schöne Flusslandschaft von der Oranierstadt Diez über das Kaiserbad Bad Ems bis zur Lahnmündung in den Rhein. Einziger Wermutstropfen ist der Berg zwischen Geilnau und Laurenburg. Die Lahntalbahn bringt uns zum Ausgangspunkt zurück.

Start: Bahnhof Diez, Bahnhofstr. 9, 65582 Diez
N 50° 22' 13.6" • E 8° 01' 10.2"

Anfahrt: Von Limburg über B 54 und B 417 zum Bahnhof Diez oder zum Parkplatz Bolzplatz, von Norden kommend Autobahn A 3 Köln–Frankfurt bis Ausfahrt 41 Diez und L 318 sowie Koblenzer Straße nach Diez folgen

Parkplatz: Parkplatz Bolzplatz, Auweg, 65582 Diez, Zufahrt über den Kreisverkehr an der neuen Lahnbrücke, Autofahrer starten die Tour bei P2

Zug: Lahntalbahn RE 23/25 bis Bahnhof Diez,
Rückfahrt mit der Lahntalbahn RE 23/25 vom Bahnhof Niederlahnstein

▶ **Verbindung zu Tour 14**

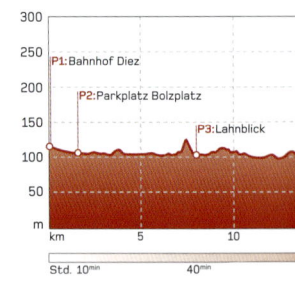

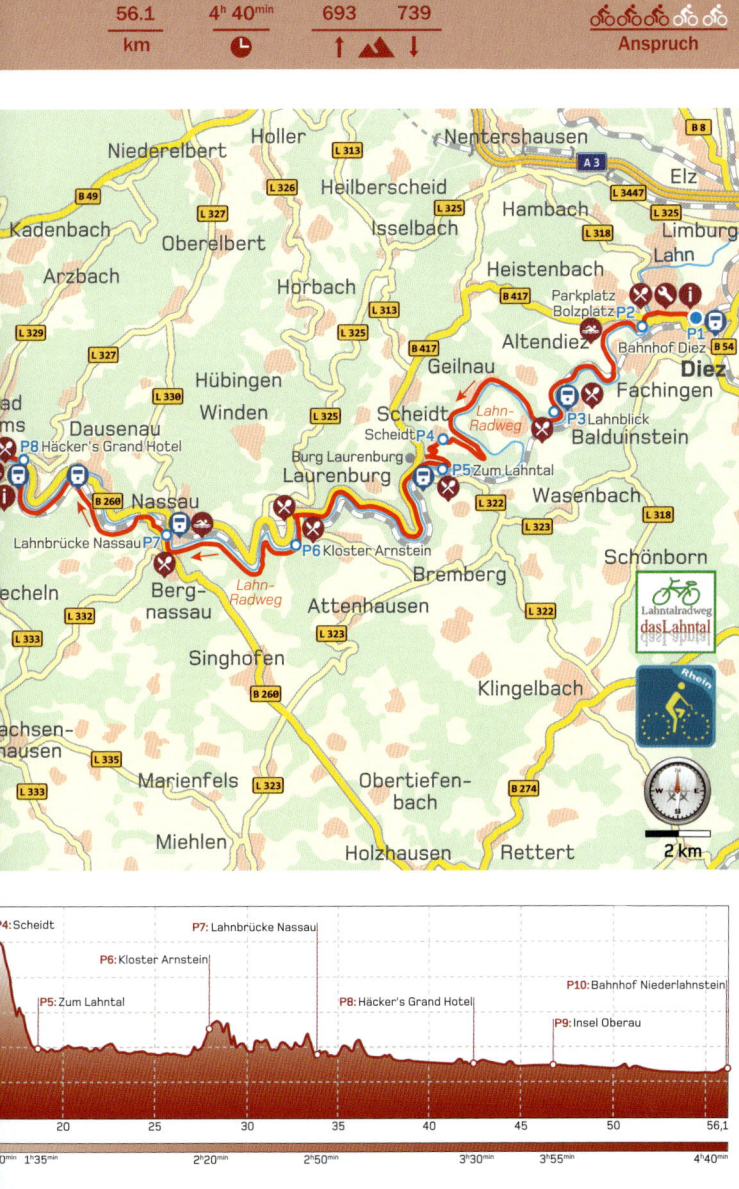

Baggersee Diez.

Die Tour beginnt in der Oranierstadt Diez (www.stadt-diez.de), der Wiege des niederländischen Königshauses. Vom **Bahnhof Diez (P1)** fahren wir Richtung Innenstadt, passieren einen Kreisverkehr und kommen in der Wilhelmstraße an der Tourist-Info vorbei. Daraufhin geht es durch die mittelalterliche Altstadt mit Blick auf das mächtige Grafenschloss Diez, das hoch über der Stadt thront. Es beherbergt die Jugendherberge und ist ein beliebtes Übernachtungsziel. Beim Alter Markt treffen wir auf den **Lahn-Radweg** (www.lahn-radweg.de), dem wir bis zur Lahnmündung folgen. Wir verlassen Diez über die Alte Lahnbrücke mit ihren beiden netten Radfahrer-Skulpturen. Der Blick zurück auf die Stadt mit Schloss, Stadtmauer und Fachwerkhäusern ist ein beliebtes Postkartenmotiv.

P1 Start

Achtung, auf der folgenden Passage müssen wir die Radweg-Beschilderung besonders aufmerksam beachten. Nach einer Schleife zum Lahnufer führt der Radweg über den **Parkplatz Bolzplatz (P2)**. Wir werden danach im Zickzack durch eine Kleingartenkolonie gelotst, passieren eine Kläranlage und sind zurück an der Lahn. Die schroffe, rötliche Felswand vor uns gehört zur Kulisse des Baggersees Diez (www.baggersee-diez.de), der oberhalb des Radweges liegt. Wir rollen am Flussufer entlang und können die herrliche Landschaft genießen. Auf der Lahn paddeln Kanuten, Ruderer ziehen ihre Bahnen und ab und an tuckert ein Motorboot vorüber. Auf der anderen Lahnseite zieht Fachingen mit dem Werk des bekannten Heil- und Mineralwassers Staatlich Fachingen an uns vorüber.

P2 1.5 km 10^{min}

Lahnbrücke Diez.

Vor Balduinstein (www.gemeinde-balduinstein.de) wird der **Lahn-Radweg** schmäler und passt gerade noch zwischen Fluss und Steilhang. Den Blick bestimmt die imposante Schaumburg, die auf einem bewaldeten Bergrücken über Balduinstein aufragt. Der Ort mit der Trutzburg Balduinstein (www.jugendburg-balduinstein.de) liegt am jenseitigen Ufer. In Gourmetkreisen ist das Feinschmeckerlokal Landhotel zum Bären (www.landhotel-zum-baeren.de) bekannt. Auf unserer Flussseite lädt das **Gasthaus Lahnblick (P3)** (www.lahnblick.de) zu einer Verschnaufpause ein. Bis Geilnau fahren wir anschließend auf der Lahntalstraße. Leider ist der **Lahn-Radweg** zwischen Geilnau und Laurenburg entlang des Lahnufers nicht ausgebaut. Wir können zwischen drei Strecken wählen:

P3
7.9 km
40^{min}

Variante

1. Die Höhenschleife: Der offizielle **Lahn-Radweg** führt auf der schmalen, kurvigen Bergstraße K 25 nach Holzappel und auf der K 23 über **Scheidt (P4)** zurück ins Lahntal. Der Steilanstieg nach Holzappel ist speziell bei Ausflugsverkehr kein Vergnügen. Dafür ist die Strecke komplett geteert.

2. Schotterweg nach Scheidt (Empfehlung: siehe Karte, Höhenprofil und GPX-Track): Von Geilnau bis zur Schleuse Scheidt bleiben wir am Lahnufer. Danach biegt man am Waldrand links auf den geschotterten Weg ab, der sich in Schleifen den Berg nach Scheidt hinaufzieht. Mit einem E-Bike lässt sich der Anstieg gut gewältigen, mit dem Tourenrad müssen wir gegebenenfalls ein Stück schieben. Im Gegensatz zu Variante 1 sind auf dem

Paddelparadies Lahn.

Trutzburg Balduinstein.

Waldweg keine Autos und Motorräder unterwegs und in Summe spart man ein paar Höhenmeter. In **Scheidt (P4)** treffen wir auf die K 23, die sich in Serpentinen nach Laurenburg hinunterschlängelt. In einer Kehre liegt die Burgruine Laurenburg, deren markanter Bergfried besichtigt werden kann.

P4
16.1 km
1ʰ 20ᵐⁱⁿ

3. Mit Schiebepassage an der Lahn entlang: Wie bei Variante 2 zunächst von Geilnau zur Schleuse Scheidt. Ein Wiesenweg führt am Waldrand entlang und geht in einen Fußweg über, der sich rund einen Kilometer als schmaler Pfad über wurzeligem Untergrund am Uferhang entlangzieht. Diese Passage sollte man schieben! Danach wird der Weg breiter und ist auf Fahrspuren vernünftig bis Laurenburg zu befahren. Bei dieser Variante kommt man um die anstrengende Bergüberquerung herum. Die Strecke ist jedoch mit Kindern, viel Gepäck und bei Nässe zu gefährlich und nicht zu empfehlen!

Variante

In Laurenburg können wir uns im Gasthof **Zum Lahntal (P5)** (www.gasthofzumlahntal.de) von den Anstrengungen erholen. Bis zur Schleuse Kalkofen ist das Tal so schmal, dass der Radweg straßenbegleitend entlang der B 417 verläuft. Am Ortsrand von Obernhof (www.obernhof.net) überrascht uns das Lahntal mit sonnenverwöhnten Weinhängen. Obernhof und Weinähr sind die Zentren des Lahnweins. An der Lahn wird seit dem 12. Jahrhundert Wein angebaut. Früher reichte das Anbaugebiet von Marburg bis Lahnstein. Geblieben ist das Zentrum des Lahnweins. In Obernhof und Weinähr gedeihen dank Schieferböden

P5
18.5 km
1ʰ 35ᵐⁱⁿ

und Steillagen ausgezeichnete Weine, die in der Regel direkt vom Erzeuger vermarktet werden.

Der **Lahn-Radweg** führt in Obernhof in einer Schleife über den Fluss. Vor der Brücke lockt das Café Nr. 9 (www.nummer-9-cafe.de) zur Einkehr. Auf der anderen Lahnseite können wir am Ortsende beim Weingut Haxel (www.lahnweingut-haxel.de) die Weine und Sekte des Hauses verkosten. Den nächsten Blickfang bietet **Kloster Arnstein (P6)**, das auf einer Anhöhe vor uns liegt. Bei der Klostermühle beginnt der kurze, knackige Anstieg. Das Kloster verdankt seine Existenz Ludwig III., Graf von Arnstein. Als seine Ehe kinderlos blieb, veränderte der berüchtigte Raubritter sein Leben und wandelte 1139 Burg Arnstein in ein Kloster um, in das er selbst als Mönch eintrat.

P6
28.0 km
2h 20min

Es folgt ein Auf und Ab auf einem schmalen Teerweg entlang des Lahnhanges. Bevor wir ins Tal hinunterfahren, bietet ein Aussichtspunkt einen großartigen Blick auf Kloster Arnstein und Schloss Langenau. Im Lahntal angekommen, taucht vor uns der bewaldete Burgberg mit dem auffälligen Hauptturm der Burgruine Nassau (www.burgnassau-oranien.de) auf. Der Radweg führt im Anstieg nach Bergnassau mit dem Restaurant Lahnromantik (www.lahnromantik.de). Ambitionierte Radfahrer können als Abstecher die Stichstraße zur Burgruine hinaufstrampeln.

Auf dem straßenbegleitenden Radweg der B 260 rollen wir daraufhin zur **Lahnbrücke (P7)** hinunter. Wir biegen jedoch nicht nach Nassau (www.stadt-nassau.de) ab, sondern bleiben unserer Lahnseite

P7
34.0 km
2h 50min

Lahn-Radweg.

Kloster Arnstein.

Blick auf Kloster Arnstein.

treu und umrunden den Burgberg. Beim Blick zurück erkennt man unterhalb des Bergfrieds das Denkmal für den in Nassau geborenen Heinrich Friedrich Karl Reichsfreiherr vom und zum Stein. Der preußische Beamte lebte von 1757 bis 1831 und prägte als Politiker, Staatsmann, Querdenker, Reformer und Liberaler die Geschichte seiner Zeit.

Ab Koppelheck verläuft der **Lahn-Radweg** bis zum Bahnhof Dausenau oberhalb der Bahnlinie. Dausenau selbst liegt auf dem anderen Lahnufer und imponiert mit seinem mittelalterlichen Stadtbild. Wir biegen nach dem Bahnhof links ab und rollen durch die Lahnaue in Richtung Bad Ems. Das Tal wird enger, und die Lahn gibt sich wildromantisch. Bad Ems (www.bad-ems.info) ist auf beiden Uferseiten von steilen Berghängen eingerahmt. Am Ortseingang treffen wir auf eine Informationstafel zum Limes (siehe die Touren 5 und 11), der bei Bad Ems die Lahn querte. Der **Lahn-Radweg** zweigt hier links zur Tourist-Info am Bahnhof ab.

Bad Ems erlebte seine Blütezeit im 19. Jahrhundert. Das Kaiserbad war damals Treffpunkt des europäischen Hochadels sowie vieler Künstler und Schriftsteller. So verkehrten deutsche Kaiser, russische Zaren, Victor Hugo, Jacques Offenbach, Richard Wagner, Fjodor Dostojewski und viele andere Prominente in Bad Ems. In die Geschichtsbücher brachte es die Emser Depesche, die zum Ausbruch des Deutsch-Französischen Krieges 1870/71 beitrug. Bekannt ist auch die Emser Pastille. Sie diente als Rachenputzer und zur Erkältungsprävention. Beim Rundgang durch Bad Ems gerät man ob der prunkvollen Barockbauten und verspielten Bäderarchitektur ins

Staunen und Schwärmen. Doch die mondäne Welt des 19. Jahrhunderts ist Vergangenheit. Der Erhalt der historischen Gebäude und die Positionierung als zeitgemäße Kur-, Heil- und Bäderstadt ist eine gewaltige Herausforderung. Bad Ems hat sich 2019 mit zehn anderen europäischen Kurorten unter dem Dach „Great Spas of Europe" um die Anerkennung als UNESCO Weltkulturerbe beworben.

Bevor wir die Bahnhofsbrücke überqueren, können wir auf der linken Lahnseite einen Abstecher vorbei am Quellenturm zur russisch-orthodoxen Kirche mit ihren fünf Zwiebeltürmen unternehmen. Auf dem Rückweg lohnt sich der Besuch des Künstlerhauses Schloss Balmoral und der Kaiser-Wilhelm-Kirche.

P8
42.2 km
3ʰ 30ᵐⁱⁿ

Auf der anderen Lahnseite liegt das historische Kurviertel, wo wir auf das **Häcker's Grand Hotel (P8)**, früher das private Badeschlösschen der Fürstin von Nassau-Oranien, zusteuern. In der Brunnenhalle können wir drei Thermalquellen, darunter das Emser Kränchen, probieren.

Es folgen die Kolonnaden und der Kursaal mit dem Kurtheater, der ältesten Spielbank Deutschlands und dem prächtigen Marmorsaal. Die Kurwaldbahn (www.kurwaldbahn.de), eine der steilsten Standseilbahnen der Welt, führt auf die Bismarckhöhe.

In Bad Ems.

Von oben ist der Blick auf Bad Ems und das Lahntal grandios. Schließlich sollten wir uns in einem der Cafés oder Restaurants eine Pause gönnen, bevor wir vorbei am Kaiser-Wilhelm-Denkmal, dem Vier-Türme-Haus und an den Emser Thermen (www.emser-therme.de) die eindrucksvolle Kurstadt verlassen.

P9 46,7 km 3ʰ 55ᵐⁱⁿ

Die restliche Strecke fährt sich entspannt. Wir kommen an der **Insel Oberau (P9)** mit einer ehemaligen Eisenhütte, dem Industriedenkmal Nieverner Hütte, vorbei. Nach langem Dornröschenschlaf haben sich auf der Insel wieder mehrere Firmen, darunter eine Radspannerei und ein Kanuverleih, angesiedelt. Auf der anderen Flussseite ist die Gefallenen-Gedächtniskapelle oberhalb von Miellen ein Hingucker. Auf der Hangkante des Lahntals lugen die Hochhäuser des Stadtteils Lahnstein auf der Höhe heraus. Mit der Schleuse Ahl passieren wir anschließend die vorletzte Schleuse auf unserem Weg zur Lahnmündung.

Zum Tourenausklang können wir uns vor der Rückfahrt mit der Bahn im Schleusenhäuschen oder im Wirtshaus an der Lahn (www.wirtshaus-an-der-lahn.info) mit Blick auf Burg Lahnstein stärken. Beim Wirtshaus an der Lahn treffen wir auf den **Rheinradweg**, dem wir zur Lahnmündung folgen. Von der anderen

Häcker's Grand Hotel.

Blick auf die russisch-orthodoxe Kirche.

Ziel
56.1 km
4ʰ 40ᵐⁱⁿ

Rheinseite grüßt das prächtige Schloss Stolzenfels. 500 Meter nach der Lahn-Mündung schwenkt der Rheinradweg rechts ab und führt entlang der Goethestraße direkt zum **Bahnhof Niederlahnstein (P10).** Leider verfügt der Bahnhof über keine Gastronomie, um die Wartezeit zu überbrücken.

Die Lahntalbahn bringt uns zurück nach Diez. Die Fahrradmitnahme ist umsonst. Vom Zugfenster aus können wir noch einmal die herrliche Flusslandschaft genießen und den Tag Revue passieren lassen. Am **Bahnhof Diez (P1)** angekommen, lockt die Altstadt zum abschließenden Einkehrschwung, oder wie wäre es im Sommer mit einem Sprung in den Baggersee Diez (www.baggersee-diez.de)?

Wirtshaus an der Lahn.

Burg Lahnstein.

 *Fazit*

Von Höhepunkt zu Höhepunkt. Eine Tour der Extraklasse, bei der die Lahn ihrem Ruf als Radelparadies alle Ehre macht. Der Streckenabschnitt Geilnau-Laurenburg hat es jedoch in sich. Die Familientour beginnt man deshalb erst in Laurenburg.

Tour Tipps

15 Lahn

- Tourist-Info Bad Ems, Bahnhofplatz, 56130 Bad Ems
  02603/9415-0 www.bad-ems.info
- Tourist-Info Diez, Wilhelmstr. 63, 65582 Diez 06432/9543211
   www.stadt-diez.de
- Tourist-Info Lahnstein, Kirchstraße 1, 56112 Lahnstein
  02621/914-171 www.lahnstein.de

- Rita's Arkade Café-Bar, Römerstraße 3, 56130 Bad Ems 02603/936582
- Café Nr. 9, Hauptstr. 9, 56379 Obernhof 02604/398113
   www.nummer-9-cafe.de
- Café Rath's, Altstadtstraße 1, 65582 Diez 06432/921012 www.cafe-raths.de
- Lahnblick, Lahntalstr. 4, 65558 Balduinstein 06439/7620 www.lahnblick.de
- Lahnromantik, Bezirksstraße 20, 56377 Nassau
  02604/95310 www.lahnromantik.de
- Landhotel zum Bären, Restaurant Bibliothek, In der Weinstube & Am Kachelofen, Bahnhofstr. 24, 65558 Balduinstein 06432/800780 www.landhotel-zum-baeren.de, Feinschmecker-Küche für den Abend nach einer Fahrradtour
- Lahn-Weingut Haxel, Arnsteiner Straße 1-2, 56379 Oberndorf
  02604/4124 www.lahnweingut-haxel.de
- Schleusenhäuschen, Emser Landstraße 20, 56112 Lahnstein 02621/627312
- Schloss-Bistro in der Jugendherberge Diez, Schlossberg 8a, 65582 Diez
  06432/6455714 www.diejugendherbergen.de
- Wirtshaus an der Lahn, Lahnstraße 8, 56112 Lahnstein
  02621/6279670 www.wirtshaus-an-der-lahn.info
- Zum Lahntal, Lahnstraße 5, 56379 Laurenburg
  06439/7620 www.gasthofzumlahntal.de

- Bike District, Altstadtstr. 10, 65582 Diez 06432/3419545
   www.bikedistrictdiez.de
- Laufrad, Bahnhofstraße 27, 56112 Lahnstein 02621/62197 www.laufrad.com
- Zweirad Meuer, Limburger Straße 167, 65582 Diez
  06432/93488-0 www.zweirad-meuer.de

- Baggersee Beach Club/Freizeitpark Diez, In der Au 40, 65582 Diez
  06432/83308 www.baggersee-diez.de
- Emser Therme, Viktoriaallee 25, 56130 Bad Ems
  02603/9790-0 www.emser-therme.de
- Freibad Nassau, Furth 4, 56377 Nassau
  02604/7177 www.vgben.de

Tour Download: **BT31515** (für GPS-Geräte)

Startpunkte finden mit scan to go®

GPS: So funktioniert es

▶ EINFACH HIMMLISCH GEFÜHRT

Besitzer von GPS-Navigationsgeräten (Outdoor-Geräte oder Smartphones) kommen nie vom Weg ab und wissen immer, wo sie gerade sind: In allen Rad- und Wanderführern des ideemedia-Verlags finden Sie die Rad-, Wander- und Erlebnisrouten für Outdoor-Navigationsgeräte. Die Touren liegen im weit verbreiteten *gpx-Format vor.

Mit dem kostenlosen Programm BaseCamp von Garmin ist es möglich, die Tracks anzusehen, zu bearbeiten und direkt auf Garmin-Geräte zu laden. Dieses Programm kann auch ohne die zusätzlich zu kaufende Karte eingesetzt werden, bietet dann aber nur eine globale Karte ohne Details. BaseCamp läuft zudem auch auf Apple Computern. Alle anderen Hersteller von Outdoor-GPS-Geräten bieten ebenfalls kostenlose Programme an. Allerdings müssen Sie meistens auch eine digitale Karte erwerben, um den Track am PC und auf Outdoor-Geräten auf der Karte zu sehen. Für PC-Nutzer ist zudem die Software MagicMaps Tour Explorer empfehlenswert. In OpenStreetMaps oder Google Maps können die Daten mit Hilfe eines GPX Viewer angezeigt werden. Diese Kartenansicht können Sie für unterwegs zum persönlichen Gebrauch ausdrucken.

▶ DIREKT ZUM PREMIUM-TRACK: SO FUNKTIONIERT ES

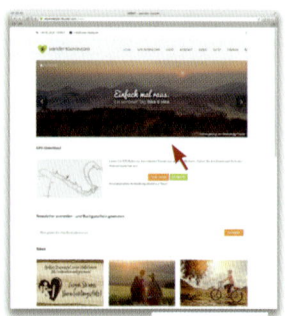

wander-touren.com

Zum Download der Routen benötigen Sie entsprechende Tour-Codes. Diese finden Sie jeweils am Ende der einzelnen Kapitel unter den TourTipps. Auf der Internetseite www.wander-touren.com geben Sie den Code ein. Eine gesonderte Anmeldung ist nicht erforderlich. Sie bestätigen mit der Downloadanfrage, dass Sie im Besitz des entsprechenden Buches (Print oder elektronisch) sind. Wenn Sie per Mail über Updates informiert werden möchten, melden Sie sich bitte unter www.wander-touren.com zum Newsletter an.

Sollte der eingesetzte Internet-Browser aus Sicherheitsgründen den Datendownload blockieren, lassen sich die Sicherheitseinstellungen vorübergehend verringern. Alternativ klicken Sie mit der rechten Maustaste auf den Button „Tour laden" bzw. „Datei downloaden" und öffnen ein neues Fenster (neuer Tab) zum Download.

▶ GPX-DATEN AUF OUTDOOR-NAVIS LADEN

Als Buchbesitzer können Sie die Daten als Datei im weit verbreiteten *gpx-Format als Einzeltour laden und danach auf Ihrem PC ablegen. In einzelnen Fällen können die Daten hinter den Codes auch gebündelt als *.zip-Datei verpackt vorliegen, die Sie vor der weiteren Verwendung entpacken müssen.

Als Nächstes müssen Sie die heruntergelandene Tour auf Ihr Navigationsgerät übertragen. Für die meisten GPS-Outdoor-Geräte ziehen Sie einfach den Track von Ihrem Desktop nach Verbinden des GPS-Geräts mit dem Computer in das GPS-Verzeichnis Ihres Outdoor-Geräts, das Sie als Laufwerk auf dem Desktop sehen. Sollte Ihr GPS-Gerät ein besonderes Format verlangen, können Sie den Track mit der Software RouteConverter in fast jedes Format konvertieren. RouteConverter ist ein kostenloses GPS-Werkzeug, um Routen, Tracks und Wegpunkte anzuzeigen, zu bearbeiten und zu konvertieren. Es läuft sowohl auf PC als auch auf Apple Computern. Zur Übertragung der Tour-Daten können Sie auch die Ihrem Kartenprogramm oder Navigationsgerät beigelegte Software nutzen. Bei Problemen mit der Übertragung der Daten auf Ihr Navigationssystem wenden Sie sich bitte an den Hersteller.

ALLGEMEINE HINWEISE

Alle Daten wurden auf Fehlerfreiheit geprüft und werden bei Änderungen der Wegführung nach Verfügbarkeit aktualisiert. ideemedia übernimmt keine Haftung für mögliche Abweichungen, Vollständigkeit, Verfügbarkeit und Einsatz auf allen Navigations-Modellen. Sollte ein Gerät das Laden von *.gpx-Daten nicht ermöglichen, so wenden Sie sich in diesem Fall bitte an den Hersteller. Die Nutzung der Tour-Downloads ist nur Buchbesitzern zur privaten Verwendung gestattet, eine Weitergabe an Dritte sowie das Vervielfältigen auf Datenträgern jeder Art ist untersagt. Kommerzielle Nutzung ist nur nach schriftlicher Ver

GPS: Fragen und Antworten

einbarung mit ideemedia gestattet. Idee, Konzeption und Daten sind urheberrechtlich geschützt. Die Daten enthalten einen Sicherheitscode und werden bis zu 36 Monate nach Ausgabetermin des Buches zur Verfügung gestellt. Eine Vervielfältigung zur Verteilung oder Verlinkung ist strikt untersagt und kann bei Missbrauch zu Schadenersatzforderungen führen.

PREMIUM-GPS: WAS IST DAS?

Im Gegensatz zu vielen anderen Anbietern im Print- und Online-Bereich greifen wir nicht auf die Standard-Daten von kostenlosen Internetportalen, privaten oder öffentlichen Anbietern zurück, sondern ermitteln die Daten vor Ort und aktualisieren diese im Regelfall, wenn uns gravierende Änderungen bekannt werden. Die Arbeit ist aufwendig und kostenintensiv, daher bitten wir um Verständnis, dass wir diese aufbereiteten Daten in vollem Umfang nur unseren Kunden zur Verfügung stellen.

GPS-DATEN VERARBEITEN: NICHT OHNE ÜBUNG

Trotz enormer Fortschritte in der Gerätebedienung ist es für Laien nicht völlig unkompliziert, die Daten richtig nutzen zu können. Da es sich bei den *.gpx-Daten um ein kostenfreies Zusatzangebot zu unseren Printprodukten handelt, können wir keine Unterstützung für GPS-Geräte, GPS-Software oder Kartengrundlagen leisten. Bitte wenden Sie sich dazu an Ihren Hersteller oder Lieferanten und arbeiten Sie sich gründlich in die Möglichkeiten der GPS-Nutzung ein. Verlassen Sie sich auch bei Ihren Touren nicht ausschließlich auf Ihr GPS-Gerät, Empfangsprobleme, Batterie- oder Softwareprobleme sind nicht unbekannt. Zudem könnten Sie Ihr Gerät unterwegs verlieren. Wir empfehlen deshalb aus Erfahrung die zusätzliche Mitnahme von Buch und Karten.

GPS FÜR SMARTPHONES

*.gpx-Daten auf ein Smartphone zu laden, funktioniert mit mehreren Apps sowohl für iPhones als auch für Android-Geräte. Unser Tipp: Testen Sie verschiedene Apps und prüfen Sie, mit welcher Software Ihr Gerät fehlerfrei arbeitet. Probleme kann es geben, wenn unterwegs Daten geladen werden müssen. Von Netzproblemen abgesehen, kann das zu hohen Kosten führen.

Eine ausführliche Erklärung zur Verwendung von unseren *.gpx-Daten auf einem Smartphone finden Sie unter: www.wander-touren.com. In der folgenden Kurzanleitung werden der Download und die Verabeitung unserer *.gpx-Daten auf einem iPhone 13 (IOS 16.3.1) unter der Verwendung der kostenlosen App „Komoot" dargestellt. Andere Geräte, Betriebssysteme oder Apps können davon abweichen, das Prinzip bleibt dabei jedoch ähnlich.

Tourcode auf „www.wander-touren.com" eingeben und den *.gpx-Track downloaden. Der Code befindet sich am Ende des jeweiligen Kapitels (Schritte 1-4).

Die Datei wird in der Regel im Download-Ordner abgelegt. Durch Tippen auf den Pfeil in der Brwoser-Leiste dorthin navigieren (Schritt 5-6). Alternativ über das lokale Datenverwaltungssystem (bei iPhones die Apple-eigene App „Dateien") die Downloads öffnen und die Datei suchen.

Anschließend durch langes Drücken auf das Icon/die Datei das Menü öffnen und die Option Teilen auswählen (Schritt 7-8). Neben den Möglichkeiten „via Mail" oder „Nachricht" findet man weiter rechts (über die Symbole wischen) auf dem Gerät installierte Apps, die zum Öffnen kompatibel sind. Durch Tippen auf das Symbol öffnet sich die App und beginnt mit dem Import des Tracks (Schritt 9).

GPS: Fragen und Antworten

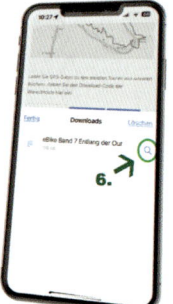

Da unsere Daten viele zusätzliche Punkte und Abstecher haben, muss die korrekte Darstellung ausgewählt werden (Schritt 10). „Komoot" gibt anschließend die Option, den Track an bekannte Wege anzupassen. Da unsere Daten vom Autor erfasst und laufend aktualisiert werden, empfehlen wir den Originalverlauf beizubehalten (Schritt 11). Die Route kann nun als zukünftige Tour gespeichert und anschließend auf der Karte angezeigt werden.

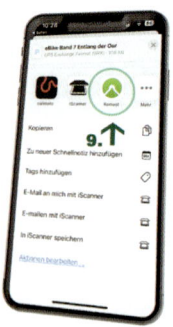

Prüfen Sie vor Antritt der Tour, ob die Daten korrekt angezeigt werden und Sie die Routenführung starten können. Vergleichen sie die Darstellung zur Sicherheit mit der Karte im Buch, um Fehler beim Verarbeiten oder in der App auszuschließen.

Register

a

Aalschokker Maria Theresia 18
Abtei Michaelsberg 17
Abtei Sayn 121, 122
Agger 10, 13, 14
Aggerstadion 14
Aggerwehr 14
Ahrbach 137
Algert 15
Alpenrod 86, 95, 97
Alte Lahnbrücke 163
Altenbödingen 28
Altenherfen 28, 29
Altenkirchen 74, 81, 86
Alte Lahnbrücke 134, 158
Alte Rentei 45
Alter Flecken 44, 46, 47
Alter Markt 96, 97, 158, 163
Altes Fährhaus 145, 151, 158, 159
Altwied 70, 71
Altwindeck 30, 35, 37, 39
Alvensleben-Stollen 68
Ambachtal 113
Amboss-Kickers 82
Andernach 59
Andernacher Pforte 59
Arndorf 113
Asdorfer Bach 45
Asdorfer Weiher 46
Astert 90
Aubachviertel 135
Auelsbachtal 10, 15
Aumenau 156
Aussichtsturm Dillblick 113

##

Bad Ems 160, 167, 168, 169, 171
Bad Marienberg 45, 86, 98, 104, 105, 107
Baggersee Diez 163
Bahnhof Dattenfeld 20, 23, 27, 28, 35
Bahnhof Dausenau 167
Bahnhof Diez 152, 158, 160, 163, 170
Bahnhof Enspel 98, 106

Bahnhof Friedrich-Wilhelms-Hütte 10, 14
Bahnhof Hachenburg 86, 89, 96
Bahnhof Hennef 20, 27
Bahnhof Herborn 110, 113, 116
Bahnhof Herchen 23
Bahnhof Ingelbach 91
Bahnhof Kerkerbach 146
Bahnhof Kirchen 42, 45, 48
Bahnhof Leutesdorf 52
Bahnhof Limburg 132, 139, 140
Bahnhof Merten 24
Bahnhof Niederlahnstein 160, 170
Bahnhof Nistertal-Bad Marienberg 105
Bahnhof Rheinbrohl 55
Bahnhof Roth 114
Bahnhof Schladern 30, 33, 36, 38, 39
Bahnhof Vallendar 118
Bahnhof Weilburg 152, 155
Bahnhof Westerburg 98, 101
Bahnhof Wildenburg 42, 47
Bahnhof Wissen 42, 48
Balduinstein 131, 164, 165, 171
Barockschloss Oranienstein 158
Beilstein 80, 115, 116, 117
Bembermühle 127
Bendorf 118, 121, 123, 128, 129, 182
Bendorfer Brauhaus 122
Bergheim 10, 13, 18, 182
Bergisches Land 18, 25, 28, 36, 37
Bergnassau 166
Biergarten Elmores 33
Bierstube Burg Mauel 33
Bigge 47
Birkenhof-Erlebnis-Brennerei 105
Birkhof 78
Bismarckhöhe 168
Bladernheim 136
Blankenberg 20, 25, 26, 29
Blaue Linie 116
Blumencafé 35, 39
Bonn 10, 16, 30, 182
Bornkasten 137
Borod 91
Bretthausen 104
Brexbach 121, 125
Brexbachtal 123, 125
Brexbachtalbahn 121, 125

177

Register

Bröl 28
Brölbachtal 48
Brombeerschenke 58, 59
Brückhöfe 48
Büdingen 105
Buisdorf 16
Bülgenauel 20, 24
Burg Altenwied 65
Burg Arnstein 166
Burg Ehrenstein 69
Bürger- und Kulturzentrum Kabelmetal 33
Burg Hammerstein 55
Burg Lahnstein 169, 170
Burglahr 69
Burg Merten 24
Burg Raiffershardt 23
Burg Rheineck 55
Burgruine Blankenberg 25
Burgruine Ellar 148
Burgruine Grenzau 118, 123, 125
Burgruine Junkernschloss 114
Burgruine Lahr 69
Burgruine Laurenburg 165
Burgruine Nassau 166
Burgruine Steinebach 90, 92
Burgruine Windeck 30, 33, 34, 36, 37
Burg Sayn 121
Busenhagen 47

C

Cadillac Museum 89
Café Der Garten 48
Café Dolce Vita 149, 151
Café Hafenschlösschen 18, 19
Café Krey 25, 29
Café Nr. 9 166, 171
Café Seewies 101, 107
Café Thier 127, 129
Café Windlück 103, 107
Café zum Wilhelmsteg 90
Campingplatz an der Krombachtalsperre 114
Campingplatz Gräveneck 156
Campingplatz Neuerburg 67
Campingplatz Oranienstein 158
Caput Limitis 55

Christianhütte 58
Christianshütte 147

D

Dampflokomotive 147
Dapprich 101
Dasbach 67
Dattenfeld 20, 23, 27, 28, 30, 34, 35, 39, 182
Datzeroth 70
Dausenau 167
Dehrn 145, 146, 158
Dendert 80
Denkmal für König Konrad I. 156
Dierdorf 85, 86, 118, 182
Dietkirchen 145, 151, 158, 159
Die Traube 127, 129
Diez 45, 141, 151, 152, 158, 159, 160, 163, 164, 170, 171, 183
Dill 1, 110, 113, 114, 116, 183
Dillaue 116
Dilltal 110, 113, 114, 115, 116
Domberg 139
Dondorfer See 26
Döttesfeld 77, 81, 85
Dreifelden 93, 94, 97
Dreifelder Weiher 91, 92, 93, 94, 97
Dreisbachtal 80
Dreisel 30, 34, 35
Driedorf 114, 117
Driesch 28

E

Edingen 116
Edmundhütte 59, 61
Eichenhain 23, 25
Eifel 57, 58, 95, 105, 126
Eisenbachtal 137, 141
Eisenbahndenkmal 147
Eitorf 24, 29, 30, 182
Ellar 148, 151
Elz 138, 141, 142, 150, 151
Emser Thermen 169
Enspel 98, 105, 106
Epgert 67

178

F

Fachingen 163
Fashion Outlet Montabaur 135
Feisternachtbachtal 127
Feldberg 95
Fernmeldeturm Lohmar-Birk 15
Fischbachtal 137
Fockenbachsmühle 67
Fockenbachtal 62, 67
Forsthaus Lichtenthal 81
Franzhäuschen 15, 19
Freimühle 137, 141
Freizeitbad Aggua 14
Freudenberg 42, 44, 45, 46, 47, 49
Friedenseiche 59
Fuchskaute 98, 103, 104, 106, 107
Fuchskaute-Lodge 103
Fürfurt 156, 159

G

Gasthaus Lahnblick 164
Gasthaus Obermühle 139
Gasthaus Sieglinde 15, 16, 19
Gasthaus Wildenburger Hof 48
Gasthaus Zum Alten Turm 25
Gasthaus Zum Lahntal 165
Gasthaus Zur Burg Grenzau 125
Gasthaus Zur Linde 35, 39
Gasthof Willmeroth 34, 39
Gasthof Zum Seeweiher 93, 94
Gaststätte KaffeeZeit 33
Gastwirtschaft Schützenhof 138
Gebildeichshäuschen 57
Gedenkstätte Hadamar 149
Geiersberg 136
Geilnau 160, 164, 165, 170
Gelbachtal 136, 137
Giesenhausen 90
Gitti's Berghütte 116, 117
Glockenmuseum 115, 116
Glockenwelt 116
Gräbersbergturm 95
Greifenstein 110, 112, 115, 116, 117
Grenzau 118, 123, 124, 125, 129
Grenzbachtal 74, 77, 82, 83, 84
Großen 90, 104, 136
Großholbach 137
Grube Georg 76, 77, 81, 84
Grube Louise 68, 82
Grünes C 13, 16
Gut Arienheller 56
Gut Hoffnungsthal 83
Gut Junkernthal 45
Gut Oberbuchenau 65
Gut Umschoß 15

H

Hachenburg 86, 89, 94, 95, 96, 97, 183
Häcker's Grand Hotel 168
Hadamar 149, 150, 151
Hähnen 57, 61
Hammelscheck 115
Hammerstein 55
Hangenmeilingen 149
Hanroth 78
Hartenfels 88, 92, 93, 94
Haus am See 93, 97, 114, 117
Hausen 57, 61, 66, 71
Haus Sonnenschein 25, 29
Heckerfeld 69
Heckholzhausen 147
Hedwigsturm 105
Heide 14, 15
Heimatmuseum Altwindeck 35, 37
Hein's Mühle 121
Helpenstell 34
Hennef 19, 20, 27, 29, 30, 182
Hennefer Wirtshaus 27, 29
Herborn 98, 110, 113, 116, 117, 183
Herchen 9, 23, 25, 29
Herfen 38
Hessen 113, 138
Hessischer Radfernweg R 8 110, 113, 114, 142, 148
Heuzert 90
Hilgert 80
Hillscheid 123, 126, 127, 128
Hindstein 115
Hintermeilingen 148

Register

Hochbehälter Keltenhügel 81
Hochkreuz 55, 59
Höchstenbach 91
Hof-Café 101, 102, 107
Hofener Mühle 146, 147, 151
Hohe Acht 95, 126
Hohenhainer Tunnel 47
Hohensayn 104
Hohenzollernschloss Namedy 59
Höhnrath 37
Höhr-Grenzhausen 122, 123, 125, 126, 127, 129
Holbachtal 137
Hölderstein 83
Hollig 67
Holzbach 78, 81, 92, 102
Holzbachschlucht 102
Homberg 103
Hoppengarten 23
Hotel-Café Wiedfriede 65, 71
Hotel Friends Mittelrhein 122
Hotel Grenzbachmühle 84, 85
Hotel Heinz 125, 129
Hotelpark Der Westerwald Treff 68, 71
Hotel Strand-Café 65, 71
Hotel Zugbrücke Grenzau 125, 129
Hotel Zur Post 66, 71

I

ICE-Bahnhof 132, 135, 140
Im Bauernstübchen 56, 61
Ingelbach 91
Inger 15
Insel Oberau 169

J

Jagdhaus Wilhelmsruh 57
Jakobshof 58
Jöckel's Alpenröder Hütte 95
Jugendherberge Kloster Leutesdorf 60

K

Kaisereiche 57, 78, 79
Kaiser-Wilhelm-Denkmal 169

Kaiser-Wilhelm-Kirche 168
Kannenbäckerland 118, 122, 123, 128, 129, 183
Kapelle Bildches Eich 137
Katzenturm 138
Kerkerbachtal 142, 145, 146, 147, 148, 150
Kirburg 104
Kirchen 42, 45, 48, 49, 183
Kirche St. Katharina 138
Kleine Nister Tour 104
Kleiner Markt 135
Kleine Nister 90, 104
Kleinholbach 137
Kleintirol 47
Kloster Arnstein 166, 167
Kloster Ehrenstein 62, 69, 70
Klosterhof Seligenthal 16
Kloster Marienhaus 66
Kloster Marienstatt 89
Kloster Schönstatt 127
Kodden 65
Kohlau 102
Kölner Dom 37
Köppel 118, 126, 127, 128, 129
Koppelheck 167
Köppel-Hütte 126, 129
Krombachtalsperre 103, 110, 114, 115, 116, 117
Kroppach 91
Kroppacher Schweiz 89
Krottorf 48, 49
Krupp'sche Kleinbahn 82
Kurparkcafé Herchen 23, 29
Kurwaldbahn 168

L

Lache 66
Lahn 1, 3, 6, 45, 114, 132, 135, 138, 141, 142, 145, 146, 147, 150, 151, 152, 155, 156, 157, 158, 159, 160, 162, 163, 164, 165, 166, 167, 169, 170, 171, 181, 183, 190
Lahnmarmor 156
Lahnstein 165, 169, 170, 171
Lahntal 142, 145, 146, 152, 155, 157, 164, 165, 166, 169, 171
Lahntalbahn 152, 156, 158, 160, 170
Lahrbach-Stausee 68, 71

Lahrer Herrlichkeit 69
Landcafé Krambergsmühle 91, 97
Landgasthaus Wirzenborner Liss 136
Landhaus Arienheller 56, 61
Landhaus Höhe 28, 29
Landhotel Studentenmühle 137
Landhotel zum Bären 164, 171
Landschaftsmuseum Westerwald 95
Langenhahn 98
Laurenburg 160, 164, 165, 170, 171
Lautzenbrücker Angelweiher 104, 105
Lautzert 77, 80, 81
Leutesdorf 52, 55, 58, 59, 60, 61, 182
Leyscher Hof 60, 61
Limburg 132, 135, 137, 138, 139, 140, 141, 142, 145, 150, 151, 152, 158, 159, 160, 183
Limburger Dom 138, 139, 145, 150, 158
Limburger Kaffeerösterei 139, 141, 151, 159
Limes 2, 52, 55, 56, 57, 58, 60, 118, 122, 123, 125, 126, 128, 167, 181, 183
Limes-Radweg 2, 52, 55, 57, 58, 118, 122, 123, 125, 126, 128, 181, 183
Limesturm Hillscheid 127, 128
Limpark 138, 150
Linden 94
Lindner Hotel und Sporting Club 101
Linkenbach 78
Linz 45, 82
Lochum 94
Lubentius Ley 145
Lützenauel 24

m

Mademühlen 114, 117
Main-Weser-Bahn 110
Malberg 52, 57, 59, 61
Malberg-Hütte 52, 57, 59, 61
Malbergsee 57
Marburg 165
Maria Verkündigung 148
Marienstatter Brauhaus 89, 97
Marmorbruch Unica 145
Marmorbrücke 156
Mauel 33, 35, 39
Meisenhof 122, 129
Menden 17

Mengerskirchen 114
Merkenbach 114
Merten 24, 25, 29
Mettelshahn 69
Mittelhessen-Express 110
Mondorfer Fähre 13, 18
Mondorfer Yachthafen 18
Montabaur 98, 118, 132, 135, 136, 140, 141, 183
Montabaurer Höhe 126
Mühlenthal 48, 49
Münchhausen 115
Müschmühle 28

n

Nassau 46, 113, 136, 149, 166, 167, 168, 171
Nassenbachtal 56
Nassen's Mühle 66, 71
Naturdenkmal Beilstein 80
Naturdenkmal Kaisereiche 78, 79
Naturerlebnispark Panarbora 30, 32, 36, 37
Naturpark Rhein-Westerwald 56
Naturpark-Weitblick Urbach 78
Naturregion Sieg 25, 33, 39
Naturschutzgebiet Oberes Wiedtal 91
Nentershausen 137
Neuenhof 25
Neukirch 104
Neustadt/Wied 65, 68, 70, 71, 182
Neuwied 54, 77, 118, 182, 190
Niederbuchenau 65
Niedererbach 138
Niederfischbach 45
Niederhoppen 65
Niedersteinebach 68
Niederwambach 81
Niederwesterwald 126
Nieverner Hütte 169
Nisterberg 98, 104
Nistereck 90
Nistermühle 89
Nister-Radweg 86, 89, 90, 105
Nistertal 89, 98, 105, 107
Nomborn 137, 141
Nordrhein-Westfalen 46, 47
Nutscheid 20, 28, 36
Nutscheidhöhenweg 28, 37

Register

O

Oberdreis 80
Oberdreiser Ölmühle 80
Ober-Hammerstein 55
Oberhofermühle 146
Oberhoppen 65
Oberingelbach 91
Oberlahr 62, 67, 68, 70, 71
Oberndorf 165, 166, 171
Obersteinebach 68, 71
Oberzeuzheim 149
Ölmühle 66, 67, 80, 95

P

Panarbora-Radweg 30, 38
Parkplatz an der Wiedparkhalle 65, 70
Parkplatz Bolzplatz 160, 163
Parkplatz Sayner Hütte 118, 121, 128
Parkplatz Siegauen 10, 13, 18
Pegel Heimborn 90
Pendlerparkplatz 74, 77, 84
Peterslahr 69
Pfarrkirche St. Agnes 24
Pfarrkirche St. Maximinus 148
Plattpopo Brunnen 127, 128
Pleckhauser Mühle 84
Pulvermühle 35, 36

Q

Quellenturm 168

R

Radfernweg R 8 110, 113, 114, 138, 148, 149
RadRegionRheinland 13, 23, 37
Radregion Siegerland-Wittgenstein 46
Radweg Hachenburger Westerwald 86, 90, 91, 94
Radweg Puderbacher Land 2, 74, 78, 181
Radweg Sieg 2, 10, 13, 14, 16, 17, 20, 23, 24, 25, 26, 27, 30, 33, 34, 38, 181, 183
Radweg Südlicher Westerwald 3, 6, 132, 135, 136, 138, 181
Radweg Westerwaldschleife 42, 45, 46, 47, 48, 101, 102, 103, 104
Ransbach-Baumbach 123, 129
Raubach 77, 78, 85
Reckenthal 136
Rehe 102, 103, 107
Rennerod 102, 103, 107
Restaurant CASA 48
Restaurant Lahnromantik 166
Restaurant Zur Siegfähre 18
Rhein 1, 10, 16, 17, 18, 20, 23, 28, 30, 42, 45, 52, 55, 56, 57, 59, 60, 62, 118, 122, 123, 128, 135, 160, 169, 170, 182
Rheinbrohl 55, 56, 61
Rheinbrohler Lay 55
Rheinecker Hof 60, 61
Rhein-Erft-Bahn 10, 52
Rhein-Erft-Express 118
Rheinland-Pfalz 46, 47, 103, 138, 190
Rheinpromenade 52, 55, 59
Rhein-Radweg 52, 55, 56, 59, 118, 128, 169, 170
Rhein-Sieg-Express 30, 42
Rhein-Sieg-Kreis 28
Rheintal 55, 57, 58, 59, 61, 118, 122, 127, 128
Ringhotel Nassau-Oranien 149
Ristorante Petrocelli 127, 129
Röcklingen 23
Rodenbach 81
Rollschiff 155
Römerturm am Beulenberg 54, 57
Römerturm auf dem Pulverberg 122
Römerturm Hillscheid 126
RömerWelt 56, 57
Rosbach 35, 38, 39
Rosengarten 48, 149, 150
Roßbach 65, 71
Roßbacher Häubchen 65
Roßmarkt 139
Rotenhain 65
Ruine Hammerstein 55
Ruine Hartenfels 93
Runkel 145, 151, 152, 154, 156, 157, 159
Ruppichteroth 20
Russisch-orthodoxe Kirche 168

S

Salzburg 104
Salzburger Kopf 104
Sängerhütte 80
Saynbach 92, 93, 94
Saynbachtal 121
Sayner Hütte 118, 121, 128
Sayner Scheune 121, 129
Saynsteig 122
Schafbachtal 101
Schaumburg 131, 164
Scheidt 164, 165
Schiffstunnel 155
Schladern 30, 33, 35, 36, 38, 39, 182
Schleuse Ahl 169
Schleuse Kalkofen 165
Schleuse Scheidt 164, 165
Schloss Balmoral 168
Schloss Hachenburg 86, 95
Schloss Hadamar 149
Schloss Herborn 113
Schloss Junkernthal 45
Schloss Langenau 166
Schloss Merten 24, 25, 29
Schloss Montabaur 135
Schloss Sayn 120, 121, 129
Schloss Schadeck 157
Schloss Stolzenfels 170
Schloss Weilburg 155
Schmanddippe 88, 93, 94, 96
Schmidthahn 92
Schnitzel's 138, 141, 151
Schönbach 113, 116, 117
Schützenhaus 78, 85
Seck 101, 102, 107
Secker Weiher 101
Seeburg 93
Seifen 81, 82
Seligenthal 15, 16
Serpentinenkurve 48, 58, 59
Siebengebirge 13, 37, 105, 126
Siebengebirgsblick 78
Siebenmorgen 67
Sieg 1, 2, 6, 10, 12, 13, 14, 16, 17, 18, 20, 23, 24, 25, 26, 27, 28, 30, 33, 34, 38, 39, 42, 48, 86, 98, 105, 106, 181, 182, 183, 190
Siegburg 10, 15, 16, 17, 19, 30
Siegerländer Dom 45
Siegfähre 10, 12, 16, 17, 18, 19
Sieglarer See 13
Siegmündung 14
Siegschleife 24, 30, 33, 34
Siegtal 23, 24, 25, 26, 28, 30, 45
Siegtaldom 35
Siegwasserfall 33
Siershahn 140
Skulpturenpfad 136
Steeden 145
Steig-Alm 104, 107
Steinebach 90, 92, 97
Steinen 94
Steinkopf 148
Stein-Wingert 86, 90
Stellberg 81
Stendebachsmühle 136
St. Josefshaus 66
St. Lubentius Basilika 144, 145, 158
Stöffel-Park 105, 106
Stromberg 23

T

Taunus 95, 105, 126
Tongrube Böhmsfund 95
Tontagebau Nihl 137
Tonzeche Guter Trunk Marie 80
Tourist-Info Hoher Westerwald 102, 107
Troisdorf 10, 14, 19
Trutzburg Balduinstein 164, 165
Trutzburg Schadeck 157

U

Uckersdorf 113
Udertsmühle 81
Unternädrigen 47
Unterwesterwaldbahn 132, 137, 140
Urbach 77, 78, 85
Urbacher Weiher 77, 78
Urmitz 10, 20, 30, 42, 52, 62, 74, 86, 98, 110, 118, 132, 142, 152, 160

Register

V

Vallendar 118, 123, 125, 127, 129, 135
Verkehrsverbund Rhein-Sieg 20, 30
Vier-Türme-Haus 169
Villmar 156
Vogelsbergbahn 152
Vogel- und Tierpark Herborn 113

W

Wahnbachtalsperre 10, 15, 16
Wahner Heide 14
Waldbreitbach 57, 66, 67, 70, 71
Waldbröl 30, 39
Waldgaststätte Flürchen 126
Waldmühlen 102
Wäller Hütte 114
Wallfahrtsort Bödingen 28
Wasserschloss 47, 48, 114
Wassertretanlage 81
Wehbach 45
Weiherhof 58
Weiherstübchen 78, 85
Weilburg 136, 152, 155, 158, 159, 183
Weilburger Terrassengärten 155
Weinähr 136, 165
Weingut Haxel 166, 171
Weldergoven 26
Westerburg 98, 101, 105, 106, 107, 183
Westerburger Schloss 101
Westerwald 1, 3, 6, 36, 37, 42, 52, 56, 57, 60, 62, 68, 71, 83, 86, 90, 91, 94, 95, 96, 97, 98, 100, 102, 104, 105, 106, 107, 110, 113, 115, 122, 126, 132, 135, 136, 138, 145, 146, 150, 181, 183, 190
Westerwälder Seenplatte 92, 101
Westerwaldquerbahn 101, 102, 110, 113
Westerwaldschleife 2, 42, 45, 46, 47, 48, 98, 101, 102, 103, 104, 181, 183
Westerwald-Sieg-Bahn 42, 86, 98, 105, 106
Wied 2, 6, 62, 64, 65, 66, 67, 68, 69, 70, 71, 74, 81, 82, 83, 86, 91, 92, 94, 101, 157, 181, 182, 183
Wiedaue 65, 66, 82
Wiedmühle 65
Wiedquelle 86, 94
Wied-Radweg 2, 62, 65, 66, 67, 68, 69, 70, 81, 82, 86, 91, 92, 94, 181, 183
Wiedtal 57, 62, 65, 66, 68, 71, 81, 86, 90, 91
Wiedtalbad 66, 71
Wiedtalbahn 65, 68, 70
Wies 38
Wiesensee 51, 98, 100, 101, 102, 106, 107
Wildenburger Land 42, 47
Wildpark Bad Marienberg 104
Wildpark Hotel 104, 107
Wilhelmswalze 116
Willingen 104, 107
Willroth 74, 77, 84, 85, 182
Windeck 20, 29, 30, 33, 34, 35, 36, 37, 39
Windecker Ländchen 35, 38
Wingenbacher Hof 28
Winkelbach 91, 97
Wippermühle 48
Wirtshaus an der Lahn 169, 170, 171
Wirzenborn 136, 137, 141
Wissen 35, 42, 45, 48, 49, 190
Woldert 78

Y

Yoga Vidya Zentrum Westerwald 83

Z

Zum Wiedbachtal 81, 85
Zur Alten Fähre 14, 19
Zur Alten Mühle 48, 49
Zur Schönen Aussicht 116, 117

WWW.BIRKENHOF-BRENNEREI.DE

Tour 9

erlebnis
destillerie & manufaktur

DAS AUSFLUGSZIEL!

Est^D 1848

VERKAUF: MO - FR 8-12 UHR UND 13-18 UHR · SA 9-13 UHR

_Faszination Destillerie
BESICHTIGUNG, FÜHRUNG, VERKOSTUNG

_Genuss-Abende
SPANNEND, LECKER UND ABWECHSLUNGSREICH

_Whisky Tastings
NEUE TRADITIONEN IN ALTEN FÄSSERN

BESICHTIGUNG UND FÜHRUNG:
Besichtigungstermine und Genussabende sind für Gruppen flexibel nach Vereinbarung buchbar. Offene Führungen für Kleingruppen und Einzelpersonen freitags. 16 uhr, samstags und jeden ersten Sonntag im Monat, 15 Uhr.

Birkenhof Brennerei seit 1848

AUF DEM BIRKENHOF · 57647 NISTERTAL
FON 02661 98204-0 · BESUCH@BIRKENHOF-BRENNEREI.DE

Tourenübersicht

Touren & Varianten		Region
1. Radweg Sieg 1 lang	Sieg ahoi!	Sieg
Variante kurz		Sieg
2. Radweg Sieg 2 lang	Ein Tal zum Verlieben	Sieg
Variante kurz		Sieg
3. Panarbora-Runde lang	Hoch hinaus	Sieg
Variante kurz		Sieg
4. Westerwaldschleife	Schöne Flecken	Sieg/WW
5. Limes-Radweg	Römer-Spuren	WW
Variante kurz		WW
6. Wied-Radweg	Wiedische Herrlichkeit	WW
7. Radweg Puderbacher Land	Am Rad der Zeit	WW
8. Nister-Wied-Radrunde	Magische Momente	WW
Variante kurz		WW
9. Hoher Westerwald	Wasser, Wiesen, Wälder	WW
Variante kurz		WW
10. Hessischer Westerwald	Sagenhafte Höhepunkte	WW
11. Kannenbäcker Land	Das weiße Gold	WW
Variante kurz		WW
12. Radweg Südlicher Westerwald	Hoch und heilig	WW/Lahn
13. Lahn-Kerkerbach-Runde	Volldampf voraus	WW/Lahn
14. Lahn-Radweg 1	Über sieben Brücken	Lahn
15. Lahn-Radweg 2	Am sanften Fluss	Lahn

Art	km	⏱ ø12km/h	Hm ↑▲	Hm ▲↓	Anspruch
Rundtour	50.1	4ʰ 10ᵐⁱⁿ	375	375	🚴🚴
Rundtour	20.2	1ʰ 40ᵐⁱⁿ	97	97	🚴
Rundtour	55.6	4ʰ 40ᵐⁱⁿ	809	809	🚴🚴🚴🚴
Streckentour	36.0	3ʰ 00ᵐⁱⁿ	443	488	🚴🚴🚴
Rundtour	34.2	2ʰ 50ᵐⁱⁿ	680	680	🚴🚴🚴
Rundtour	17.8	1ʰ 30ᵐⁱⁿ	336	336	🚴🚴
Streckentour	46.3	3ʰ 50ᵐⁱⁿ	826	864	🚴🚴🚴🚴
Rundtour	36.4	3ʰ 00ᵐⁱⁿ	727	727	🚴🚴🚴🚴
Rundtour	30.4	2ʰ 30ᵐⁱⁿ	626	626	🚴🚴🚴
Rundtour	54.0	4ʰ 30ᵐⁱⁿ	1057	1057	🚴🚴🚴🚴
Rundtour	49.7	4ʰ 10ᵐⁱⁿ	1016	1016	🚴🚴🚴🚴
Rundtour	64.5	5ʰ 25ᵐⁱⁿ	1084	1084	🚴🚴🚴🚴🚴
Rundtour	55.5	4ʰ 40ᵐⁱⁿ	943	943	🚴🚴🚴🚴
Streckentour	65.7	5ʰ 30ᵐⁱⁿ	1068	1050	🚴🚴🚴🚴
Streckentour	56.6	4ʰ 45ᵐⁱⁿ	899	946	🚴🚴🚴🚴
Rundtour	49.1	4ʰ 05ᵐⁱⁿ	725	725	🚴🚴🚴🚴
Rundtour	55.0	4ʰ 35ᵐⁱⁿ	1152	1152	🚴🚴🚴🚴🚴
Rundtour	35.8	3ʰ 00ᵐⁱⁿ	650	650	🚴🚴🚴
Streckentour	29.6	2ʰ 30ᵐⁱⁿ	434	534	🚴🚴
Rundtour	54.4	4ʰ 30ᵐⁱⁿ	727	727	🚴🚴🚴🚴
Streckentour	49.2	4ʰ 05ᵐⁱⁿ	498	518	🚴🚴
Streckentour	56.1	4ʰ 40ᵐⁱⁿ	693	739	🚴🚴🚴

Weitere Traumtouren-Bände

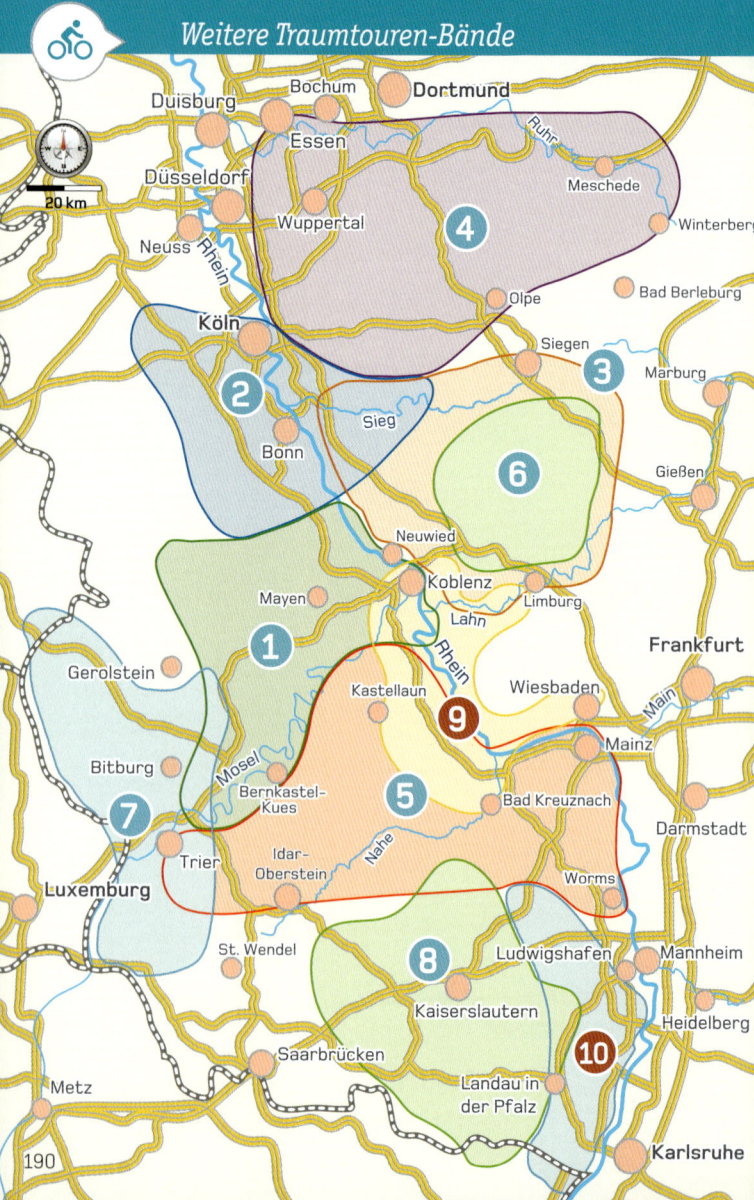

traumtouren 1
Rhein. Mosel. Eifel

traumtouren 5
Hunsrück. Nahe. Rheinhessen

traumtouren 2
Rheinland SÜD

traumtouren 6
Westerwald

traumtouren 3
Sieg. Westerwald. Lahn

traumtouren 7
Eifel. Mosel. Saar

traumtouren 4
Bergisches Land. Ruhr. Sauerland

traumtouren 8
Pfalz WEST

2024 Traumtouren 9 Oberes Mittelrheintal/Rheingau
2024 Traumtouren 10 Pfalz OST

Immer auf dem neusten Stand mit unserem Newsletter unter: **www.wander-touren.com**

Impressum

Herausgeber: Uwe Schöllkopf (ideemedia GmbH)
Autor: Hartmut Schönhöfer
Konzept & Redaktion: Uwe Schöllkopf
Redaktionelle Mitarbeit: Anna Ley, Janina Seiler
Grafik/DTP/Produktion: Spiridon Giannakis, Dominik Molz
Karten & Höhenprofile: KGS Kartografie Schlaich | ideemedia GmbH

Verlag: ideemedia GmbH, Im Aubisch 1b, D-56567 Neuwied
Telefon: 02631/9996-0 • Telefax: 02631/9996-55 • E-Mail: info@idee-media.de
Internet: www.ideemediashop.de • www.wander-touren.com

Alle Angaben wurden nach bestem Wissen recherchiert und sorgfältig überprüft. Sollten sich dennoch Fehler eingeschlichen haben, bitten wir um Entschuldigung und Benachrichtigung. Für Fehler übernimmt der Verlag keine Haftung. Aktuelle Änderungen, Downloads und Updates zum Buch finden Sie unter www.wander-touren.com.

Ausgabe 2023 © Die Idee, Büro für Kommunikation, Neuwied.

Das Werk ist einschließlich aller seiner Bestandteile urheberrechtlich geschützt. Jeder urheberrechtliche Verstoß ist rechtswidrig und strafbar. Jegliche Verwendung bedarf der Zustimmung des Verlags. Das gilt ebenfalls für Fotokopien, Übersetzungen, Nachahmungen, Mikroverfilmungen und Speicherung, Verarbeitung und Weitergabe in elektronischen Systemen. Aktuelle GPS-Daten stehen nur zur persönlichen Nutzung für 36 Monate ab Ausgabejahr zum Download bereit.

Die Deutsche Bibliothek – CIP – Einheitsaufnahme: ISBN 978-3-942779-39-5

Titelbild und Fotos: Hartmut Schönhöfer

Autor

Hartmut Schönhöfer, Jahrgang 1964, ist in Coburg (Oberfranken) geboren und aufgewachsen. Berufliche Stationen als Marketing- und Handelsmanager führten den Diplom-Kaufmann nach Rheinland-Pfalz und NRW. Als begeisterter Radfahrer mit Wohnsitz Bad Neuenahr-Ahrweiler hat er das Bikerevier Sieg-Westerwald-Lahn in den letzten Jahren ausgiebig erradelt und verbindet mit dem Schreiben von Radführern seine Leidenschaften für das Fahrradfahren, Fotografieren und Reisen.